庫

タオ

老子

加島祥造

筑摩書房

目次

I　道《タオ》——見えないパワー

タオ——老子

扉・挿画　著者

I

道《タオ》——見えないパワー

第一章　道《タオ》――名の無い領域

これが道《タオ》だと口で言ったからって
それは本当の道《タオ》じゃないんだ。
これがタオだと名づけたって
それは本物の道《タオ》じゃないんだ。
なぜってそれを道《タオ》だと言ったり
名づけたりするずっと以前から
名の無い道《タオ》の領域が
はるかに広がっていたんだ。

まずはじめは

名の無い領域であった。
名の無い領域から
天と地が生まれ、
天と地のあいだから
数知れぬ名前が生まれた。
だから天と地は
名の有るすべてのものの「母」と言える。

ところで
名の有るものには欲がくっつく。
欲がくっつけば、ものの表面しか見えない。
無欲になって、はじめて
真のリアリティが見えてくるのだよ。

名の有る領域と
名の無い領域は、同じ源《みなもと》から出ている、
名が有ると無いの違いがあるだけなんだ。

名の有る領域の向うに
名の無い領域が、
はるかに広がっている。
明と暗のまざりあった領域が、
はるかに広がっている。
その向うにも……
入口には
衆妙の門が立っている、
森羅萬象《しんらばんしょう》のくぐる門だ。
この神秘の門をくぐるとき、ひとは

本物のLife Forceにつながるのだよ。

老子『道徳経』

第一章（体道）道可㆑道也、非㆓常道㆒也。名可㆑名也、非㆓常名㆒也。無㆑名、萬物之始也。有㆑名、萬物之母也。故常無㆑欲也、以観㆓其妙㆒、常有㆑欲。以観㆓其徼㆒。此両者同出而異㆑名。同謂㆓之玄㆒、玄之又玄、衆妙之門。

第二章　「汚い」があるから「美しい」が在るのさ

天と地が生まれて
物に名がついたわけだが、
名とは
物の表《うわ》っ面《つら》にただ張りついてるだけなんだ。

美しいと汚いは、
別々にあるんじゃあない。
美しいものは、
汚いものがあるから
美しいと呼ばれるんだ。

善悪だってそうさ。
善は、
悪があるから、
善と呼ばれる。
悪の在《あ》るおかげで
善が在るってわけさ。
同じように、
ものが「在る」のも、
「無い」があるからこそ在るといえるんでね。
お互いに
片一方《かたいっぽう》だけじゃあ、けっして存在しえないんだ。

長い、と言ったって
短いがあるから長いのさ。

高い、と言ったって
低いものがあるから高いんだ。
ひとつの歌だって、そこに
声とトーンがあるから歌になる。
前だって
後があるから
前もありうるってわけでね。

だから
道《タオ》の働きにつながる人は
知ったかぶって
美醜善悪を手軽くきめつけたりしない。
ものの中にある自然のリズムに任せて
手出しをしない。

すべてのものは生まれでて
千変万化して動いてゆくんだからね。

このタオの
本当のリアリティを受け入れる時
人は
何かを造りあげても威張らない。
成功しても、
成果を自分のものにしない。
自分のものだと主張しないから
かえって人から忘れられない。そして
誰もその人の成果を
奪い取ろうとしないんだ。

第二章〔養身〕天下皆知二美之為一レ美。斯悪已。皆知二善之為一レ善。斯不善矣。有、無之相生也。難、易之相成也。長、短之相形也。高、下之相盈也。音、聲之相和也。先、後之相随也。是以、聖人居二無為之事一、行二不言之教一。萬物作而弗レ始。生而不レ有。為而不レ恃也。成功弗レ居也。夫唯弗レ居、是以弗レ去。

第三章　飯だけはたっぷり喰う

世間が
頭のいいやつを褒《ほ》めるもんだから
ひとはみんな
利口になろうとあくせくする。
金や宝石を大事にするから
盗《ぬす》っ人《と》がふえる。
世の中が
生きるのに必要のないものまで
やたらに欲しがらせるから
みんなの心がうわずってしまうんだ。

だから道《タオ》につながる人は
あれこれ欲しがる心を抑《おさ》えて
飯だけはたっぷり喰う。
野心のほうは止めにして
骨をしっかりこしらえるんだ。

みんなが
無用な情報や餘計な欲を持たなければ
ずるい政治家や実業家だって
つけいる隙《すき》がないのさ。
そうなんだ、
無用な心配と餘計な欲をふりすてりゃあ
けっこう道はつくもんだ、

行き詰っても——

第三章〔安民〕不レ上レ賢、使二民不一レ争。不レ貴二難レ得之貨一、使二民不一レ為レ盗。不レ見レ可レ欲、使二民(心)不一レ乱。是以聖人之治也。虚二其心一、実二其腹一、弱二其志一、強二其骨一。恆使二民無知無欲一也、使三夫知(者)不二敢(為)一。弗レ為而已、則無レ不レ治矣。

第四章　まず、空《から》っぽから始まる

道《タオ》の働きは、なによりもまず、
空《から》っぽから始まる。それは
いくら掬《く》んでも掬みつくせない
不可思議な深い淵とも言えて、
すべてのものの出てくる源《みなもと》のない源だ。

その働きは
鋭い刃をまるくする。
固くもつれたものをほぐし、
強い光をやわらげる。そして

舞いあがった塵を下におさめる――

それだから、道《タオ》を
谷の奥にある深い淵にたとえるのだ。
その淵に潜っていけば
果て知れない先の先までゆくだろう。
子から親へ、その親から先へと
たどってゆくのに似て、
どこまでも、どこまでも先がある。
やっと行きついた先の
またその奥にも先があるといったものなんだ。

だから私は、
誰の子かと訊《き》かれたら、

タオという母の子、と答えるのさ。

第四章〔無源〕道冲、而用レ之有（久）弗レ盈也。淵呵（兮）以二萬物之宗一。挫二其鋭一、解二其紛一、和二其光一、同二其塵一。湛呵（兮）以レ或レ存。吾不レ知二其誰之子一也。象二帝之先一。

第五章　巨大なふいご

名のない領域から生まれた天と地は
すべてのものを公平に扱う。
人間だけを贔屓《ひいき》にしたりするような、
そんなセンチメンタルなものじゃない。
人でも犬でも
同じように生かしもすれば
殺しもするんだ。

この天地の働きは
まるで巨大なふいごみたいなものでね。

なかは空《から》っぽだけれど
ひとたび動きだすと、
数かぎりなく生みだして、尽きないんだ。

だから人だって、
ただ喋《しゃべ》くっても限《き》りがないと知って
黙って虚《きょ》の中心《センター》を
大切にしたほうがいいんだ。

第五章〔虚用〕天地不レ仁、以二萬物一為二芻狗一。聖人不レ仁、以二百姓一為二芻狗一。天地之間、其猶二橐籥一乎。虚而不レ淈(屈)。動而愈出。多聞数窮。不レ若レ守二於中一。

第六章　神秘な女体

道《タオ》の満ちた谷にいる神は、
けっして死なないのさ。
それは
すべてを産みだす神秘な女体。
その門をくぐってゆくと
天地の根っこに達する。

そこから湧きでるものは
滾滾《こんこん》として尽きない——
そのタオの命《いのち》は、いくら掬《く》んでも

いくら掬んでも
掬みつくせないものなのさ。

第六章〔成象〕谷神不レ死、是謂二玄牝一。玄牝之門、是謂二天地之根一。綿綿若レ存。
用レ之不レ勤。

第七章　天と地の在り方

天はひろびろとしているし、
地は果てしなくて、
ともに
長く久しくつづくものだ。
それというのも、天と地は
自分のために何かしようとしないで、
あるがままでいるからだ。
だから、長く、いつまでも、ああなんだ。

タオにつながる人も

この天と地の在り方を知っているんで、
先を争ったりしない。
いつも、ひとの
いちばん後からついてゆく。
競争の外に身をおいて無理しないから、
身体《からだ》は長保ちするわけだ。
つづめて言えば、
我《が》を張ったりしない生き方だから、
自分というものが
充分に活《い》きるんだ。

第七章〔韜光〕天長地久。天地之所㆓以能長且久㆒者、以㆔其不㆓自生㆒。故能長生。是以聖人、後㆓其身㆒而其身先、外㆓其身㆒而身存。不㆑以㆓其無㆒㆑私与。故能成㆓其私㆒。

第八章　水のように

タオの在り方にいちばん近いのは
天と地であり、
タオの働きにいちばん近いのは
水の働きなんだ。
タオの人がすばらしいのは
水のようだというところにある。
水ってのは
すべてのものを生かし、養う。
それでいて争わず、威張りもしない。
人の厭《いや》がる低いところへ、先に立って行く。

水はよほどタオの働きに
近いんだ。

タオの人は、自分のいる所を、いつも
善《よ》いところと思っている。
心は、深い淵のように静かだ。
つきあう人をみんな善い人だとし、
自分の言うことは
みんな信じてもらえると考え
社会にいても
タオの働きの善さを見失わない。
タオの人は、手出しをしないで
あらゆる人たちの能力を充分に発揮させるから、
人びとは

自分のいちばんいいタイミングで活動する。
これをひと口でまとめると
争うな、ということだ。
水のように、争わなければ、
誰からも非難をうけないじゃないか。

第八章〔易性〕上善如レ水。水善利二萬物一、而不レ争。居二衆人之所一レ悪。故幾二於道一矣。居善レ地、心善レ淵、与善レ仁、言善レ信、政善レ治、事善レ能、動善レ時。夫唯不レ争。故無レ尤。

第九章　さっさとリタイアする

弓をいっぱいに引きしぼったら
あとは放《はな》つばかりだ。
盃《カップ》に酒をいっぱいついだら
あとはこぼれるばかりだ。
うんと鋭く研《と》いだ刃物は
長持ちしない――すぐ鈍くなる。
金貨や宝石を倉にいっぱい詰めこんでも
税金か詐欺か馬鹿息子で消えてなくなる。
富や名誉で威張る人間は
あとでかならず悪口を言われるのさ。

何もかもぎりぎりまでやらないで
自分のやるべきことが終わったら
さっさとリタイアするのがいいんだ。
それが天の道に沿《そ》うことなんだ。

第九章〔運夷〕持而盈レ之、不レ若二其已一。揣而鋭レ之、不レ可二長保一レ之。金玉盈レ室、莫二之能守一也。貴富而驕、自遺二其咎一也。功成名遂、身退、天之道也。

第一〇章　玄《おく》にある深い力

われら心と肉体を持つものは
ひとたびタオの道につながれば
身体《からだ》と心は離れないようになる。
精気《エナジー》にみちて柔らかいさまは
生まれたての赤ん坊みたいだ。
その無邪気な心は
よく拭《ぬぐ》った鏡みたいに澄んでいる。
そんな人は国を治めるとすれば
ただ民を愛するだけで充分なんだ。

天と地を産んだ神秘の門を開いて、
母と遊ぶことができるんだ。
無理に知ろうなんてしなくとも
四方八方、とてもよく見えてくる。
もちろんタオの人も
産んだり愛したり養ったりするさ、
しかしそれを自分のものとしない。
熱心に働いても
自分のしたことだと自慢しない。
ひとの先頭に立ってリードしても
けっして彼らを支配しようとしない。

これを玄徳と言うんだ、すなわちそれは
ひとの玄《おく》にある深い力が、

いちばんよく働くことなんだ。

第一〇章〔能為〕載二営魄一抱レ一、能無レ離乎。専レ気致レ柔、能嬰児乎。滌二除玄覧一、能無レ疵乎。愛レ民治レ国、能無二以為一乎。天門開闔、能為レ雌乎。明白四達、能無二以知一乎。生レ之畜レ之、生而不レ有、為而不レ恃、長而不レ宰也。是謂二玄徳一。

第一一章　「空《から》っぽ」こそ役に立つ

遊園地の
大きな観覧車を想像してくれたまえ。
沢山のスポークが
輪の中心の轂《こしき》から出ているが
この中心の轂は空《から》っぽだ。だからそれは
数々のスポークを受けとめ、
大きな観覧車を動かす軸になっている。

粘土をこねくって
ひとつの器《うつわ》をつくるんだが、

器は、かならず
中がくりぬかれて空《うつろ》になっている。
この空《うつろ》の部分があってはじめて
器は役に立つ。
中がつまっていたら
何の役にも立ちゃしない。

同じように、
どの家にも部屋があって
その部屋は、うつろな空間だ。
もし部屋が空《から》でなくて
ぎっしりつまっていたら
まるっきり使いものにならん。
うつろで空《あ》いていること、

それが家の有用性なのだ。

これで分かるように
私たちは物が役立つと思うけれど
じつは物の内側の、
何もない虚《きょ》のスペースこそ、
本当に役に立っているのだ。

第一一章〔無用〕三十輻、共㆓一轂㆒。当㆓其無㆑有、車之用也。挻㆑埴以為㆑器。当㆓其無㆑有㆒、埴器之用也。鑿㆓戸牖㆒以為㆑室。当㆓其無㆑有、室之用也。故有之以為㆑利、無之以為㆑用。

第一二章　頭の欲でばかり追いかけないで

人の心の
この貴重な虚《きょ》の空間に
さまざまな色が射しこむ。
その強烈な五彩の色に目を奪われると
色と色の調和は見えない。
五線符の音すべてに耳をむけたら
その間に響く調和音は聞きとれない。
酸・苦・甘・辛・塩の五味をいちどに
味わいたがったら、
舌は痺《しび》れちまう。

動くことだってそうだよ。
むかしは狩りに、いまはスポーツ競技に
人びとは夢中になる。
その様子は発狂した者みたいだ。
金儲けにだけ心を向ける人は
銀行の窓口みたいなもので
金の出し入れのほか何も考えない。

タオの働きにつながる人は
目の欲にばかり従わないで
腹の足しになるものを取る。
あまり外側のものに気をとられないで
体の中にある力を養う。

私たちの内には
虚《きょ》のエナジー・ボックスがある、
と気づいてくれればいいんだ。
そうすれば、欲にとっつかれた時
そこからすっと離れる智慧が
出てくるんだよ。

第一二章〔検欲〕五色令二人目盲一。五音令二人耳聾一。五味令二人口爽一。馳騁田獵令二人心発狂一。難レ得之貨、令二人行妨一。是以聖人為レ腹不レ為レ目。故去レ彼取レ此。

第一三章　たかの知れた社会なんだ

ぼくらはひとに
褒《ほ》められたり貶《けな》されたりして、
びくびくしながら生きている。
自分がひとにどう見られるか
いつも気にしている。しかしね
そういう自分というのは
本当の自分じゃあなくて、
社会にかかわっている自分なんだ。

天と地のむこうの道《タオ》に

つながるもうひとつの自分がある。
その自分にもどれば
人に嘲《あざ》けられたって褒められたって
ふふんという顔ができる。
社会から蹴《け》落《おと》されるのは
怖いかもしれないけれど、
タオから見れば
社会だって変わってゆく。だから
大きなタオの働きを少しでも感じれば
くよくよしなくなるんだ。
たかの知れた自分だけれど
社会だって、
たかの知れた社会なんだ。

もっと大きなタオの命に
つながっている自分こそ大切なんだ。
そのほうの自分を愛するようになれば
世間からちょっとパンチをくらったって
平気になるのさ。だって
タオに愛されてる自分は
世間を気にしてびくつく自分とは
別の自分なんだからね。

社会の駒のひとつである自分は
いつもあちこち突き飛ばされて
前のめりに走ってるけれど、
そんな自分とは
違う自分がいる——それを知ってほしいのだよ。

第一三章〔厭知〕寵辱若㆑驚、貴㆓大患㆒若㆑身。何謂㆓寵辱若㆒㆑驚。寵㆑之為㆑下也、得㆑之若㆑驚、失㆑之若㆑驚。是謂㆓寵辱若㆒㆑驚。何謂㆘貴㆓大患㆒若㆖㆑身。吾所㆔以有㆓大患㆒者、為㆓吾有㆒㆑身。及㆓吾無㆒㆑身、有㆓何患㆒。故貴以㆑身為㆓天下㆒者、則可㆔以託㆓天下㆒矣。愛以㆑身為㆓天下㆒者、乃可㆔以託㆓於天下㆒矣。

第一四章　形のない形だけの在るところ

五感でなんか確かめられないものこそ
ほんとの実在なんだ。

微小すぎるものは
いくら見ようったって見えない。
あんまり幽《かす》かな音というのは
いくら聞こうったって聞こえない。
滑らかすぎる表面は
触わったって感じない。
この三つの微妙きわまる状態は

微細であるだけに、
融けあえるものだ。そしてこの三つが一つに
融けあっている空《くう》間――
それは無か空に見えるけれども
充実したもの、
もっとすごい実在といえるものだ。

そこは
かぎりなく昇ったって
ただ明るいだけじゃないし
かぎりなく下へおりたって
ただ真っ暗じゃあない。
すべてが絶え間なく連続し、変化し、動いていて、
やがてはあの名のない領域に戻る。

そこには形のない形だけが在る、
無いものだけが在る。すべて
捉《とら》えがたい抽象だと言えるところだ。
そいつの後をついて行っても
背中は見えないし
前に廻ってみたって
顔つきなんか分からない。
そいつをどうやったら摑《つか》まえられるかだって?
まあ、
今の自分のなかに、そして
萬物のなかに、
タオが働いてると感じることだよ。それは
太古の太古のときから伝わってきている

と想像する。すると
道《タオ》の全体像が
現われてくるだろう。

第一四章〔賛玄〕視レ之而不レ見、名レ之曰レ微。聴レ之而不レ聞、名レ之曰レ希。搏レ之而不レ得、名レ之曰レ夷。此三者不レ可二致詰一。故混而為レ一。一者其上不レ皦、其下不レ昧。縄縄兮不レ可レ名也。復二帰於無物一。是謂二無状之状、無物之象一。是為二忽恍一。随而不レ見二其後一、迎而不レ見二其首一。執二今之道一、以御二今之有一、以知二古始一。是謂二道紀一。

第一五章　いつも「自分」でいること

むかしは
タオを真によく体得した人がいた。
そのありさまは
神秘的で暗く、遠く
すべてに通じているようで
どうにも測りようのない深さだった。
こういう人物を言葉で描こうとすると
比喩的な言い方をするほかない。

その慎重な態度は

危険な冬の川を渡る人のようだ。
用心ぶかいさまは
見知らぬ森を通る人のようだ。
落ち着いて油断のないさまは
よその家を訪ねたお客みたいであり
それでいて、人と交わるさまは
氷の融けてゆくような和《なご》みかただ。
その素朴な様子は
山から伐《き》りだしたばかりの白木《しらき》のようだし、
心の広やかさは、大きな谷を思わせる。

とにかく取りとめなくて、
その点では濁った水みたいであり
濁ったままゆったりしているから

いつしか澄んでくる――そういう
在り方なんだ。
安らかにくつろいでいるくせに
いつの間にか動いている、
そしてなにかを生み出している。

こういう人だから
無理をしないんだ、
タオを身につけた人というのは
消耗しない。消耗しないから
古いものをいつしか新しいものにしてゆく。
いつも「自分」でいられて
新しい変化に応じられるのだよ。

第一五章〔顕徳〕古之善為レ道者、微妙玄通、深不レ可レ識。夫唯不レ可レ識、故強為ニ之容一。曰、与兮其若ニ冬渉一レ川。猶兮其若レ畏ニ四隣一、儼兮其若レ客。渙兮其若ニ冰之将一レ釈。敦兮其若レ朴。曠兮其若レ谷。渾兮其若レ濁。濁而静レ之徐清。安以動レ之、徐生。保ニ此道一者、不レ欲レ盈。夫唯不レ盈。是以能蔽而新成。

第一六章　静けさに帰る

虚《うつろ》とは
受け容れる能力を言うんだ。
目に見えない大いなる流れを
受け容れるには
虚《うつろ》で、
静かな心でいることだ。

静かで空虚《うつろ》な心には、
いままで映らなかったイメージが見えてくる。
萬物は

・

生まれ、育ち、活動するが
すべては元の根に帰ってゆく。
それは、静けさにもどることだ。
水の行く先は——海
草木の行く先は——大地
いずれも静かなところだ。
すべてのものは大いなる流れに従って
定めのところに帰る。
(そして、おお、
再び甦《よみがえ》るのを待つ。)

それを知ることが智慧であり
知らずに騒ぐことが悩みの種をつくる。
いずれはあの静けさに帰り

甦るのを待つのだと知ったら
心だって広くなるじゃないか。
心が広くなれば
悠々とした態度になるじゃないか。
そうなれば、時には
空を仰いで、
天と話す気になるじゃないか。
天と地をめぐって動く命《いのち》の流れを
静かに受け入れてごらん、
自分の身の上をくよくよするなんて
ちょっと馬鹿らしくなるよ。

第一六章〔帰根〕至レ虚極也、守レ静篤也。萬物並作、吾以観二其復一也。夫物芸芸。
各復二帰其根一。帰二於其根一曰レ静。是謂レ復レ命。復レ命、常也。知レ常、明也。不

レ知レ常、妄。妄作凶。知レ常容。容乃公、公乃王、王乃天、天乃道、道乃久、没
レ身不レ殆。

第一七章　最上の指導者《リーダー》とは

道《タオ》と指導者《リーダー》のことを話そうか。
いちばん上等なリーダーってのは
自分の働きを人びとに知らさなかった。
その次のリーダーは
人びとに親しみ、褒《ほ》めたたえられ、
愛された。
ところが次の時代になると
リーダーは人びとに恐れられるものとなった。
さらに次の代になると、
人びとに侮《あなど》られる人間がリーダーになった。

ちょうど今の政治家みたいにね。

人の頭に立つ人間は、
下の者たちを信じなくなると、
言葉や規則ばかり作って、それで
ゴリ押しするようになる。

最上のリーダーはね
治めることに成功したら、あとは
退いて静かにしている。
すると下の人たちは、自分たちのハッピーな暮らしを
「おれたちが自分で作りあげたんだ」と思う。
これがタオの働きにもとづく政治なのだ——
これは会社でも家庭でも

同じように通じることなんだよ。

第一七章〔淳風〕大上、下知レ有レ之。其次親レ之誉レ之。其次畏レ之。其次侮レ之。信不レ足焉。悠兮其貴レ言也。成レ功遂レ事、而百姓皆謂二我自然一。

第一八章　孝行息子が出るのは

道《タオ》の大いなる働きは
太古から今にいたるまで
ちっとも変わってやしないんだ。
しかし人間の手にかかると
崩壊現象を起こす。

じっさい、源《みなもと》の道《タオ》が
堕落しはじめたんで、人間は
仁義なんてものを説きはじめたのだ。
人間愛とか正義が

必要になった。

なまじ情報や知識を発達させたせいで
大嘘や偽善や詐欺がはびこった。

道徳は孝行息子を褒《ほ》めるがね、
ダメ親父が道楽して家族を放りだすから
孝行息子が出るのさ。

国家だってそうだ。
領主とか君主とかが
愚かな無茶苦茶をやり
人民を苦しめるから
忠臣が出てくるのさ。

第一八章〔俗薄〕大道廃、有㆓仁義㆒。智慧出、有㆓大偽㆒。六親不㆑和、有㆓孝慈㆒。国家昏乱、有㆓忠臣㆒。

第一九章　本当の「自分」を知ること

前に言ったように
かつては聖人ぶって知恵を説く人なんか
居なくたって、
人びとは
ゆったり豊かに暮らしていた。
道徳や正義をふりかざして脅《おど》かさなくとも
みんな互いに慈《いつくし》みあっていた。
頭を絞って利益ばかり追いかけなかったから
ずるい銀行家も兇暴な強盗も出なかった。

いや、知恵や道徳を捨てて
太古の昔に戻れと
言うわけじゃあないがね、
いまも働くタオの
大切な生き方のエッセンスだけは
言っておきたい。

自分のなかにある素朴な素質を
大事にすること——
自分のなかにある本性は、もともと、
我《が》を張ったり、
欲張ったりしないもの、
まあ、これだけは、
時おり、思いおこしてほしいんだ。

第一九章〔還淳〕絶レ聖棄レ智、民利百倍。絶レ仁棄レ義、民復二孝慈一。絶レ巧棄レ利、
盗賊無レ有。此三言也、以為文不レ足。故令レ有レ所レ属。見レ素抱レ朴、少レ私寡レ欲。

第二〇章　「おっぱい」は好きなだけ吸うがいい

世間の人は
頭を使いすぎる。
頭を使うことは止めて
自分の内側のバランスをとってごらん。
すると心配や憂鬱がどんどん薄らぐ。
だいたい、
世間が「よし」とか「だめ」とか言ったって
それが君にとって何だというんだね？
「善い」と褒《ほ》められたって
「悪い」と貶《けな》されたって

どれほどの違いがあるかね。

みんながびくびくすることに自分も
びくびくしていたら、
切りがないんだよ——果てしがないんだよ。

そりゃあ、確かに
世間と仲良くすれば
一緒に陽気に楽しめるさ。
宴会で飲み喰いして騒いだり、
団体旅行で海外に出たりしてね。

一方、私みたいな人間はひとりきりで
うそうそしている。目立たない存在で

ろくな笑い声も立てない。
みんなは物をたっぷり持っているのに
こっちは何も持たず、
ひとり置き去りにされ
馬鹿みたいに扱われて
まごまごしている。
他の連中は陽《ひ》のさす所にいて
こっちはひとり、陰《かげ》にいる。
他の連中は素早く動いて手も早いのに
こっちはひとり、もぞもぞしている。
海みたいに静まりかえってるし
風に吹かれてあてどなくさまよう。

世間の人たちは目的を持ち、忙しがってるが、こっちは石ころみたいに頑固で鈍い。
確かに私はひとり
他の人たちと違っているかもしれん。しかしね、
自分はいま、
あの大自然《タオ》の母親のおっぱいを
好きなだけ吸ってるんだ。
こう知ってるから
平気なんだ、実際
いま、こうして吸ってるんだからね。

第二〇章〔異俗〕絶レ学無レ憂。唯与レ呵、其相去幾何。美与レ悪、其相去何若。人之所レ畏、亦不レ可二以不一レ畏。荒兮其未レ央哉。衆人熙熙、如レ享二於大牢一。如二春登一レ台。我獨怕兮、其未レ兆、如二嬰児之未一レ咳、乗乗兮、若レ無レ所レ帰。衆人皆有レ餘、而我獨若レ遺。我愚人之心也。沌沌兮、俗人昭昭、我獨若レ昏。俗人察察、我獨悶悶。忽兮其若レ海、飄兮若レ無レ所レ止。衆人皆有レ以、我獨頑似レ鄙。我獨異二於人一、

而貴レ食レ母。

第二一章　君の here と now

もののなかに宿るタオのパワーとは
どんな働きをするのか。

こう訊《き》かれれば、確かに
それは漠とし広く暗いもの、
把《とら》えどころのないもの、としか言えない。
だがね、
すべてのものの奥に働くパワーは
それ自体、
ものの活源

すべての形の原形
それは
あらゆるものを成長させる種だ、
ライフ・エナジーの根源なんだ。

まあ、こんなふうに言えば
タオのパワーのイメージが
すこしは出てくるかもしれん。

なにしろこれは
太古から今まで続いているから
仮りに名づけたタオという名は
けっして消えうせないし、
多くの人びとがタオを体得してきたのさ。

これを、
どうやったら感じとれるかって？
君の here《ヒア》 と now《ナウ》 のなかで
君全体をオープンにすることさ——
それしか手はないんじゃないかな。

第二一章〔虚心〕孔徳之容、唯道是従。道之為レ物、唯恍唯忽。忽兮恍兮、其中有レ像。恍兮忽兮、其中有レ物。窈兮冥兮、其中有レ精。其精甚真、其中有レ信。自レ古及レ今、其名不レ去。以順二衆甫一。吾何以知二衆甫之然一也。以レ此。

第二二章　マイナスは大きなプラスを妊《はら》む

いいかね、
マイナスにみえるものは、そのなかに
大きなプラスを妊《はら》んでいるんだよ。

突っ張って直立するものは
折れやすい。
自分を曲げて譲《ゆず》る人は、かえって
終わりまでやりとげる。
こづかれてあちこちするかに見える人は
自分なりの道を歩いてる。

ぼろぼろになった古い物は、
それ自体、新しくなる寸前にあるんだし
窪《くぼ》んだ所は自然に
水の満ちるところになるのだ。同じように
物をほとんど持たない人は、
持つ可能性に満ちているのに、
沢山に物を持った人は、
ただ戸惑うばかりだ。

だから
タオを身につけた人は、
「この道ひとつ」だけ抱いているから
タオ的な生き方の見本になる。
そういう人は自我を押しつけないから

かえって目立つ存在になる。
自分は正しい、正しいって主張しないから
かえって人に尊敬される。
自慢しないから、
かえって人に信頼されるし
威張って見下さないから、
人びとは彼をリーダーにしたがる――

つまるところ
この人は争わないのだ。だから
どんな相手からも喧嘩をふっかけられない。
「自分を曲げて譲る人は、かえって
終わりまでやりとげる」

この古い言葉《いましめ》は、
まことに本当だと思うね。
こういう生き方の人が
自分の人生をまっとうして、あの
静かなとこへ帰るのだよ。

第二二章〔益謙〕曲則全、枉則直。窪則盈、敝則新。少則得、多則惑。是以聖人抱レ一、為二天下式一。不二自見一、故明。不二自是一、故彰。不二自伐一、故有レ功。不二自矜一、故能長。夫唯不レ争、故天下莫二能与レ之争一。古之所謂曲則全者、豈虚言也哉。誠全而帰レ之。

第二三章　タオのほうから助けてくれるさ

まわりの人が
君のことをあれこれ言ったって
気にしなきゃいいんだ。
台風は上陸したって、
半日で過ぎ去る。
大雨《おおあめ》は、いくら降ったって
二日とはつづかない。
道《タオ》につながる大自然でさえ
この程度なんだ。

ましてや人間関係の騒ぎなんて
気にすることはないのさ。
タオにつながる人とだったら無事だが
タオに欠けた相手だったら、
君は
その欠けたところで付きあったらいいんだ。
相手の欠けたところを楽しめばいいんだ。
信じられない人にたいしても
同じことさ。
こういう自然の働きに従えば
タオのほうでも君を助けてくれるのさ。

第二三章〔虚無〕希言自然。飄風不レ終レ朝。驟雨不レ終レ日。孰為レ此者。天地。天地、尚不レ能レ久。而況於レ人乎。故従二事於道一者同二於道一。徳者同二於徳一。失者同二

於失㆒。同㆓於道㆒者、道亦楽㆑得㆑之。同㆓於徳㆒、徳亦楽㆑得㆑之、同㆓於失㆒者、失亦楽㆑得㆑之、信不㆑足、焉有㆓不信㆒。

第二四章　ライフには餘計な料理なんだ

これは生きる上で大切だから
くり返して言うんだが、
まわりを見てごらん、
ひとに目立とうとしてバレエダンサーみたいに
爪先《つまさき》立ちをしても、
長くつづかないよ——じきにぐらつくんだ。
ひとを追越して大股にゆく者は
遠くには行けない——じきに
へたばるのさ。自分を
ひとによく見せようとばかりする者は

自分がさっぱり分からんのさ。そして
自分こそ正しいって言い張る者は、
かえってひとに認められないし
鼻たかだかでなにかする者なんて
誰にも尊敬されないのさ。

じっさい、
プライドばかり高い人間には、誰も
ついてゆかない。これはみんなが
ひそかに知っていることだよ。

タオの立場から見れば、こんなものは
みんな餘計な料理なんだ、
充分に生命を戴いたあとの

残りものにすぎない。だから
タオにつながってゆったり生きる人は
手を出さないよ——こんなものには。

第二四章〔苦恩〕跂者不㆑立、跨者不㆑行。自見者不㆑明、自是者不㆑彰。自伐者無㆑功、自矜者不㆑長。其於㆑道也、曰㆓餘食贅行㆒、物或悪㆑之。故有道者不㆑処也。

第二五章　「大いなるもの」は帰ってくる

タオは天と地のできる前からある。
その状態は
あらゆるものの混ざりあった混沌《カオス》だ。
そこは
本当の孤独と静寂に
満ちていて、すべてが
混ざりあい変化しつづける。
あらゆるところに行き渡り、
すべてのものを産むのだから、
大自然の母と言ってよいかもしれぬ。

こんな混沌は名づけようがないから、
私は仮りに道《タオ》と呼ぶんだが、もし、
この働きの特色はなにか、と訊《き》かれれば、
「大いなるもの」と応えよう。

それは大きなものだから
遠くまで行く。
遠くまで行くから、
帰ってくる。

このタオの偉大さ《グレートネス》を、
受けついだ天は偉大《グレート》であり、
それを受けた大地は偉大なのだ。

その大地にいる人間だって、
タオにつながる時は偉大なんだよ。
だってその人は
大地に従って生きるからだ。
大地は天に従っているし、
天は道《タオ》に従い、
道《タオ》はそれ自体、自らの動きであり、それこそ
最も大いなる自然と言えるんだ。

第二五章〔象元〕有レ物混成、先二天地一生。寂兮寥兮、獨立而不レ改、周行而不レ殆。可三以為二天地母一。吾不レ知二其名一、字レ之曰レ道。強為二之名一曰レ大。大曰レ逝、逝曰レ遠、遠曰レ反。故道大、天大、地大、王亦大。国中有二四大一、而王居二其一一焉。人法レ地、地法レ天、天法レ道、道法二自然一。

第二六章　静かに養われた「根っこ」

タオの人が大地に従うとは、
まず、根になることなんだよ。
根は土にしっかり張って
軽いものを支えている。
その静けさがつねに
たえずざわつく動きを
コントロールするのだ。

だからタオにつながる人は
長い旅ではいつも

自分を養う荷物をそばにおく。
どんなに景色のいい所に来たって
景色に見とれて騒いだりしない。
もし君が人の上に立つリーダーなのに
みんなの軽々しい騒ぎに加わったら
君の立場の根元が
ぐらついちまうだろう。
ほんとのエナジーというのは
静かに養われた根から出るんだよ。

第二六章〔重徳〕重為二軽根一、静為二躁君一。是以君子、終日行、不レ離二其輜重一。雖レ有二栄観一、燕処則超然。奈何萬乗之主、而以レ身軽二於天下一。軽則失レ本、躁則失レ君。

第二七章　その霧の向うに

タオは自然《ネーチャー》を通して
われわれに語りかける。
その語るところに従う人は
何をしても、跡を残さない。
その人の言葉は、ひとを傷つけない。
ひと廻り大きな計算だから、
ソロバンも計算機もいらない。
もっと大きな力の開け閉めに任すんで
鍵なんか使わない。
たとえば母と子の関係のように

縄で縛りもしないのに、
結び目はほどけない。

だからタオの人は
ひとにたいして自然な気持でいるんだ。
誰を選び誰を捨てるなんてことはない。
善い物ばかり選ぶなんてこともしない。
こういう行為はね
世間の判断に従うのではなくて
タオの自然に従うことなんだ。

言いかえると、
「善い人間」と「悪い人間」とは
ただ表裏のことにすぎない。

「善い人間」が「悪い人間」の手本だとすれば、
「悪い人間」は「善い人間」が学ぶ材料だ。
いわばそれがなくては
「善」を知りえない大切な元手だよ。

こういう大きな関係を学ばないで
ただ実利や知識ばかり追う人ってのは
霧に迷っちまってるのさ。
その霧の向うに
タオの秘密《シークレット》が潜んでいるのさ。

第二七章〔巧用〕善行者無二轍迹一。善言者無二瑕讁一。善数者不レ用二籌策一。善閉者無二関楗一、而不レ可レ開、善結者無二縄約一、而不レ可レ解。是以聖人常善救レ人、而無二棄人一。常善救レ物、而物無二棄物一。是謂二襲明一。故善人者不善人之師。不善人者善人之資也。不㆑貴㆓其師㆒、不㆑愛㆓其資㆒、雖㆑知乎大迷。是謂㆓要妙㆒。

第二八章「アニムス」と「アニマ」

どんな人のなかにも
男性素質《アニムス》と女性素質《アニマ》がある。

自分のなかの雄々しさを知って
さらに優しさを守れば
君は天下の谷のように
何でも受け容れるものになる。
谷水のようなパワーを湛《たた》えて
タオの母とつながる赤ん坊となる。
君のなかにある白くて清《きよ》いものを

意識しつつ、
黒く汚れたものとともに居る。
そういう在り方こそ
この世の生き方の手本なんだよ。

世間の名誉や贅沢《ぜいたく》を知ったうえで
いつも謙遜《けんそん》した気持で居る。
そうなれば、あの
天下の谷の、
絶えざる水につながる。
割られる前の木のように、
素朴なままでいられるんだ。
この木が割られると
数多くの容器になるわけだが、

自分のなかにあるものを割るときには、
あまり細かくしないがいい、
そうすれば元の木の素質が
あまり失われない。

第二八章〔反朴〕 知㆓其雄㆒、守㆓其雌㆒、為㆓天下谿㆒。為㆓天下谿㆒、常徳不㆑離。復㆓帰於嬰児㆒。知㆓其白㆒、守㆓其黒㆒、為㆓天下式㆒。為㆓天下式㆒、常徳不㆑忒。復㆓帰於無極㆒。知㆓其栄㆒、守㆓其辱㆒、為㆓天下谷㆒。為㆓天下谷㆒、常徳乃足、復㆓帰於朴㆒。朴散則為㆑器。聖人用㆑之則為㆓官長㆒、故大制不㆑割。

第二九章　極端は避けるんだ

だから個人ばかりか政治でもそうで
タオが大きく働くのに任せればいいのだ。
天から与えられたものを
自分の思いどおりにしようとすれば、
まあ、たいていは失敗するのさ。
独裁者たちがしたことでよく分かるように、
自分勝手に国を動かそうとしたら、
大変なことになるんだ。
勝とうとすれば敗け、
取ろうとすれば失う——これが

深い真実だ。

なにしろ現実の社会はいろいろで
先頭を切りたがるものがいれば
後ろにつきたがるもののもいる。
息ひとつだって
冷たい手を温めようと吹くのもいれば
熱い湯をさまそうと吹くのがいる！
頑張る一方の者がいれば
柔らかく受けながす者もいる。
上にのっかるのがうまいのと
いつも下に落ちがちなのとがいる。

だからタオにつながる人は

片方だけを強行しない。
極端を避けるんだ――とくに
人間の高慢な驕《おご》りや
とめどない欲をね。

第二九章〔無為〕将下欲レ取二天下一而為上之、吾見二其不一レ得已。夫天下神器。非レ可レ為也。為レ之者敗レ之、執レ之者失レ之。物或行或随。或呴或吹。或強或羸。或載或堕。是以聖人、去レ甚、去レ奢、去レ泰。

第三〇章　自分を守る

今の世の中はなんでも
すべて力ずくでやろうとする。
パワー・アップするのがよい、と思っている。
しかしね、
タオに深くつながる人は
こう警告するだろう――
強い力で押しまくる時、かならず
しっぺ返しがくる。
戦争で荒した後には、
いら草ばかり生える。大軍が

占領した国土には飢饉《ききん》が起こる。

戦うことなんて
ほんとに自分を守る時だけでいい。
暴力に反抗して命《いのち》を守る時だけでいい。
だからタオの人は
自分を守る力を誇らない。
なにかに勝っても驕《おご》らない。
争うのは
止むをえずする時だけだし
目的をとげたって得意にはならない。

よく見てごらん、
暴力や力ずくでしたことなんて

みんな長つづきしないじゃないか。

第三〇章〔倹武〕以レ道佐二人主一者、不三以レ兵強二天下一。其事好還。師之所レ居、荊棘生レ之。大軍之後、必有二凶年一。善者果而已。不三敢以取レ強。果而勿レ矜。果而勿レ伐。果而勿レ驕。果而不レ得レ已。果而勿レ強。物壮則老。是謂二不道一。不道早亡。

第三一章　人を殺して楽しむ者よ

恐ろしいことにこのごろは
こんな常識さえ忘れはじめてるんだが、
武器というのは悪い道具——兇器なんだよ。
本当は
どんな人だって嫌うものなのだ。
だからタオの命《いのち》につながる人は
この道具を使おうとしない。
むろん、前に言ったように
どうしても仕方ない時には用いるさ。
しかしその時でも

最小限にとどめるんだ。そして
勝ったって得意にはならない。
勝って得意になるような者は
人を殺して楽しむようになる。
人を殺して楽しむ者は、かならず
その野望の極みまで行く、
そして国を破滅に導く。

だからタオにつながる人は
多くの人を殺したことを
悲しんで泣くのだ。
戦いに勝った時の祝いを
葬儀のようにするんだ。

第三一章〔偃武〕夫兵者不祥之器也。物或悪レ之。故有道者不レ処。君子居則貴レ左。用レ兵則貴レ右。兵者不祥之器也。非二君子之器一。不レ得レ已而用レ之。恬惔為レ上。勝而不レ美。而美レ之者、是楽レ殺レ人。夫楽レ殺レ人者、則不レ可三以得二志於天下一矣。是以吉事上レ左、喪事上レ右。是以偏将軍処レ左、上将軍処レ右。言下以二喪禮一処上レ之也。殺レ人之衆、以二悲哀一泣レ之。戦勝以二喪禮一処レ之。

第三二章　永遠のエナジーの流れ

道《タオ》の働きは
名づけようのないものだ、
それというのもこれが
永遠のエナジーの流れだからなんだ。
このタオにつながる人の心は、
木で言えば、
伐《き》りだされたばかりの木であり
割られていないものだ。
言わば、何にでも応じられる
一本化した心の状態なんだ。

もし指導者《リーダー》がこういう心でいたら
黙っていても、ひとはつき従うだろう。
そういう国土には
天と地が一緒になって、
やわらかな雨を降らせるだろう、
誰彼の選り好みなしにね。

ところで人間は
タオの無名の領域から
名を取りだして使いはじめた。
これは仕方のないことだがね、しかし
あらゆるものを
細かく分割して名をつけだしたために
危ないことになってきたんだ。

あくせくする人は、
どうか知ってほしい。
止まるところを知ったら、もう
危険はない、とね。
そして自分がかつて
伐《き》りだされた木であったことを思い起こし、
ときにはそこへ帰ってほしい。
別の譬《たと》えで言えば、
はじめの自分は
谷川の小さな流れだった。
そしてその流れはゆったりと
海に至るのだ——君を運びつつ。

第三二章〔聖徳〕道常無レ名、朴雖レ小天下不二敢臣一。侯王若能守レ之、萬物将二自賓一。

天地相合以降二甘露一、民莫二之令一而自均、始制有レ名。名亦既有、夫亦将レ知レ止。

知レ止所二以不一レ殆。譬三道之在二天下一、猶三川谷之与二江海一也。

第三三章 「自分」のなかの富

世間の知識だけが絶対じゃあないんだ。
他人や社会を知ることなんて
薄っ暗い知識にすぎない。
自分を知ることこそ
ほんとの明るい智慧なんだ。

他人に勝つには
力ずくですむけれど
自分に勝つには
柔らかな強さが要る。

頑張り屋は外に向ってふんばって
富や名声を取ろうとするがね。
道《タオ》につながる人は、
いまの自分に満足する、そして
それこそが本当の豊かさなのだ。

その時、君のセンターにあるのは
タオの普遍的エナジーであり、
このセンターの意識は、永遠に伝わってゆく。
それは君の肉体が死んでも
滅びないものなのだ。

第三三章〔辯徳〕知レ人者智也。自知者明也。勝レ人者有レ力也。自勝者強也。知レ足者富也。強行者有レ志也。不レ失二其所一者久也。死而不レ亡者寿也。

第三四章　タオの無邪気な働き

大いなる道《タオ》の働きは
水とよく似ている。
水は溢れ出て、左へゆき、右へゆく。
その流れによって
千万の生き物は生まれ、
育ってゆくんだが、
水は、自分の力を自慢しない。

タオの働きはそれなんだ、
すべてのものを養い育てるけれど

自分はその親だなんて言わない。
何かに成功したって
自分が為《し》たんだなんて言わない。
だからかえって、もっと大きな存在になるんだ。
そんな欲なんて持たないから、
ごくちっちゃなものと思われかねないがね、
しかし、小さいと思われるところに
タオの偉大なものの働きがあるんだよ。
こういう無邪気な働き方こそ
偉大さの証拠なんだ。

第三四章〔任成〕大道汎兮、其可ニ左右一也。萬物恃レ之而生、而不レ辞。功成不ニ名有一也。愛ニ養萬物一、而不レ為レ主。常無欲可レ名ニ於小一。萬物帰レ之、而不レ為レ主。可ニ名為一レ大。是以聖人、終不ニ自大一、故能成ニ其大一。

第三五章　心の滋養

だから大きな風のようなこの
タオのイメージを抱いていれば
天下どこへゆこうと、
心安らかで、ゆったりくつろいでいられるのさ。

ところで、旅の人は
いい音楽やうまい料理には足をとめるが
タオの皿を出されると
味がないと言う。
確かにタオは、

口にいれたって淡白すぎる。
耳に聞かせたって、
かすかすぎて聞きとれない、
見せたって見てとれない、
しかしね、
心に用いようとするなら、
これは、限りない滋養をくれるのだよ。

第三五章〔仁徳〕執二大象一、天下往、往而不レ害、安平大、楽与レ餌、過客止。道之出レ口、曰、淡兮無レ味也。視レ之不レ足レ見也。聴レ之不レ足レ聞也、用レ之不レ可レ既。

第三六章　優しい柔らかな光

道《タオ》というのは、
とても微妙な働きのものだ。
しかし、よく見れば、明快なんだ。
世の中はどんなふうに動いていくかが
見えてくる。

勢《いきおい》づいているものは、
それをさらに勢づかせると、
早く萎《しぼ》むことになる。
強大な権力には、

もっと強い力を持たせると、
いっぺんに崩れ去る。
流行しているものは
もっと流行《はや》らせれば、
たちまち消えてしまう。だから、もし
奪いとりたいものがあったら、それに
まずたっぷり与えることさ。

柔らかなものが
固いものに勝ったり
弱いものが
強いものに勝ったりするのも、
みんなタオの微妙な働きからくるのさ。
それは優しい柔らかな光なんだよ。

どんな強い力よりも勝るもの
魚が深い淵にいる時、
静かに生きて動いている
あの動きなんだよ。
あの光なんだよ。

ぎらぎらした武器をみせつけて、
脅《おど》したり強がったりしたって、
長つづきはしないんだ。

第三六章〔微明〕将㆓欲翕㆒㆑之、必固張㆑之。将㆓欲弱㆒㆑之、必固強㆑之。将㆓欲廃㆒㆑之、必固興㆑之。将㆓欲奪㆒㆑之、必固与㆑之。是言㆓微明㆒。柔弱勝㆓剛強㆒。魚不㆑可㆑脱㆓於淵㆒。国之利器、不㆑可㆓以示㆒㆑人。

第三七章　道《タオ》——静かな喜び

タオの働きは、
何もしないようにみえる。
しかしそれはものを
つねに千変万化させてゆくのであり、
この千変万化する働きで
ことはいつしか調整される。だから
なまじ人間は
手を出さなくったっていいのだ。

昔の王侯やリーダーたちは、

このタオの働きに任したから、
下の人たちは自然に静かに過ごした。
人びとは、
さまざまな欲望に駆《か》られるけれど
餘計な手出しをしなければ
たいていのことは、やがて
自然に、静かに収まってゆくんだよ。
素朴な生き方を
喜ぶものなんだ。

第三七章〔為政〕道常無為、而無レ不レ為。侯王若能守レ之、萬物将ニ自化一。化而欲作、吾将レ鎮レ之。鎮レ之以、無名之朴。無名之朴、亦将不レ欲。不レ欲以静、天地将ニ自定一。

Ⅱ

徳《テー》――現われたパワー

第三八章　徳《テー》——大きな愛

だいたい私が
徳《テー》と呼ぶのは
千変万化するタオのエナジーが
この世で働く時のパワーのことを言うのだ。

タオのパワーにつながる人は
いまここに居る自分だけに
心を集めている。
ほかの意識は持たないから、
内側のエナジーはよく流れる。

これを私は上等の徳《テー》と言うんだ。
世間にいる道徳家と言うのは
徳《テー》を意識して強張《こわば》るから、
エナジーはよく流れない——
こういうのを私は下等の徳《テー》と言うのさ。

同じことが日々の行為にも当てはまる。いつも
意識して行動するだけの人は
深いエナジーを充分に掬《く》みだせない。
タオの働きを信じて、
餘計なことをしない人は
いつしか大きなパワーに乗って、自分の
生きる意味につながる。
その人の

本当の人間感情も
こういう大きな愛から動く。

これが正しいからやる、なんてことばかり
主張する人は
浅いパワーを振り回してるのさ。
そして礼儀や世間体《せけんてい》や形式ばかり
守ってる人は、
こっちがそれに同調しないと
目を剥いて文句を言い、
腕まくりして無理強いしたりする。

言い直すと、世界ははじめ、
タオ・エナジーの働きを

徳《テー》として尊んだんだがね。
それを見失ったあと、
人道主義を造りだした。
それを失うと、
正義を造りだした。
正義さえ利《き》かなくなると
儀礼をはじめた。
儀礼がみんなの基準になると
形式ばかり先行して、裏では
むしり合いがはじまった。
先を読みとる能力を威張り
愚かな競争ばかり盛んになった。

あの道《タオ》の

最初のパワーにつながる人は
上辺《うわべ》の流れを見過ごして平気でいる。
ものごとが自然に実を結ぶのを
待っていられる。
花をすぐ摘み取ろうなんてせずに
ひとり
ゆっくりと眺めている。

第三八章〔論徳〕上徳不レ徳、是以有レ徳。下徳不レ失レ徳、是以無レ徳。上徳無レ為、而無二以為一也。下徳為レ之、而有二以為一也。上仁為レ之、而無二以為一也。上義為レ之、而有二以為一也。上禮為レ之、而莫二之応一也、則攘レ臂而仍レ之。故失レ道而後徳、失レ徳而後仁、失レ仁而後義、失レ義而後禮。夫禮者、忠信之薄也、而乱之首也。前識者、道之華也、而愚之首也。是以大丈夫、処二其厚一、而不レ居二其薄一。居二其実一、不レ居二其華一。故去レ彼取レ此。

第三九章　五郎太石《ごろたいし》でいればいい

一は
数から言えば一番小さな数だ。
でもね、一は、また、
すべての数のはじまりだし、
すべての数を含んだ数なんだ。

道《タオ》とは、
すべてを生みだす始源《はじまり》の力だよ。
そこから一を受けた天は
清く澄みわたっていた。

この一を得た大地は
どっしりとして落ち着いていた。
この一を体した神は
純粋そのものだったし、
谷は水にあふれ、
そこに生きるものはすべて
命《いのち》に満ちていた。
人の上に立つリーダーだって
すべきことを適切に行なったし
人民はみんな
それぞれ自分にふさわしく生きていた。

だけどね、
欲望の文明が人の目を曇らせ

タオの始源《はじまり》の在り方が
ぼやけてきた。
そうなると、私たちは恐れはじめた――
天は澱《よど》んだり濁ったりして、しまいに
空から剝がれ落ちてしまうかもしれん。
大地だってまったく荒れはてて
しまいに大噴火に終わるかもしれん。
神の精神は萎《な》えてしぼんじまって
活動停止の状態におちいるかもしれん。
谷は乾き、ひからびて
たんなる不毛の窪《くぼ》みとなり
生きものはすべて
滅びてしまうかもしれん。
人の上に立つべきリーダーだって

おじけて、転んだり倒れたりするだろう。
こういう幻想が私たちに取っつくとき
私たちは
タオの根から浮きあがってるのだよ。

人として生きるには
いつも始源《はじまり》の、一の近くに居るがいい。
上に立つリーダーだって自分を
孤りぽっちの家なし児《ご》や
夫のいない貧しい女と同じと思うことだ。
自分を
世に見捨てられた者と思うことだ。
名誉なんて

いくら数多く積み重ねたって
ガラガラ崩れちまうのさ。
ピカピカ光る玉になろうとしないで
五郎太石《ごろたいし》でいること
そこに
タオの一とつながる者の
命《いのち》の在り方があるのさ。

第三九章〔法本〕昔之得㆑一者、天得㆑一以清、地得㆑一以寧、神得㆑一以霊、谷得㆑一以盈、萬物得㆑一以生、侯王得㆑一以為㆓天下正㆒。其致㆑之一也。天無㆓以清㆒、将㆓恐裂㆒。地無㆓以寧㆒、将㆓恐発㆒。神無㆓以霊㆒、将㆓恐歇㆒。谷無㆓以盈㆒、将㆓恐竭㆒。萬物無㆓以生㆒、将㆓恐滅㆒。侯王無㆓以貴高㆒、将㆓恐蹶㆒。故貴以㆑賤為㆑本、高必以㆑下為㆑基。是以侯王自謂㆓孤・寡・不穀㆒。此非㆓以㆑賤為㆒㆑本耶。非乎。故致㆓数誉㆒無㆑誉。不㆑欲㆓琭琭如㆒㆑玉、落落如㆑石。

第四〇章　returning――道《タオ》の原理

道《タオ》のなかを
最も深く貫いている動きは何かと言えば
returning なんだ。
re-turn ――再び転じること。それは私が
反、復、回、周、還といった言葉で
幾度も語る動きだ、それは
大きく転じて戻ってゆく。
この動きは
弱いと言えるほどゆったりしている。
水のような柔らかな動きだ。

それは
どこへ戻ってゆくのかって？
あの非存在、名のない領域へだ。
あらゆる存在は確かに実在しているのだが、
いま「有る」存在はみな
「無い」のなかに戻ってゆく。
そしてそれはふたたび
「有」の存在のほうへ
「名のある領域」へ、反転してゆく。
だから道《タオ》の動きは
深くて大きいと言うんだ。

第四〇章〔去用〕反者道之動、弱者道之用、天下萬物生㆓於有㆒、有生㆓於無㆒。

第四二章　たいていの人は馬鹿笑いする

こんな私の話を聞いて、人びとは
いろいろな受けとりかたをする。

はっと感じとって、これを
自分の内的変化《トランスフォーメーション》の
きっかけにする人がいる。
ちょっと聞き耳を立てるが
半信半疑で身をひいちまう人もいる。
まあ、たいていの人は、
馬鹿らしいと言って、大笑いするんだ。

だがね、
馬鹿にされて笑われるのは
このタオの道が本物だ、
という証拠なのさ。

じっさい、タオの道は、
多くの人の目には逆《さかさ》にうつる。
それは実に明るいのに
妙に薄暗く見える。
たえずゆっくり進んでるのに
立ち止まって、後ずさりしているかに見える。
平らな大きな道なのに
でこぼこの険しい山路《やまみち》に思える。
実に高い素質なんだが

俗っぽくて小ずるいと考えられたり
清く潔白なのに
薄汚れたものと受け取られる。
どこにも行きわたるパワーなのに
ちっとも役立たんものとされる。
しっかり地についた思想なのに
ぐらついて頼りないものにみえる。
その中心には純粋な心がすわってるのだが
人は空《から》っぽとしか思わない。

だいたい、
とっても大きなものは
四方の隅が見えない。人間も、
とんでもなく大きな才能は、はじめ

薄馬鹿に見えるのだ。
うんと大きな音は
かえって耳に入らないし
大空に出来る形は
千変万化して捉《とら》えどころがない。
同じように
タオの働きは、
名のない領域から出てきて
黙って力を貸して、
萬物を助けるのさ。

第四一章〔同異〕上士聞レ道、勤而行レ之、中士聞レ道、若レ存若レ亡。下士聞レ道、大笑レ之。不レ笑不レ足二以為一レ道。故建言有レ之。明レ道若レ昧、進レ道若レ退、夷道若レ類、上徳若レ俗、大白若レ辱、広徳若レ不レ足、建徳若レ偸。質徳若レ渝。大方無レ隅。

大器晩成。大音希㆑聲、天象無㆑形。道隠無㆑名。夫唯道善貸且成。

第四二章　陰を背に、陽を胸に

タオの始源《はじめ》には
あの混沌《カオス》があった。
それを一としよう。
その一から陰と陽が生じた。
それを二としよう。そして
このふたつの間から三、すなわち
この世のすべてのものが生まれたのだ。
すべてのものは、だから、
陰を背に負い
陽を胸に抱いているのであり、

そしてこの二つが
中心で融けあうところに
大きな調和とバランスがあるのだ。

人は誰だって
未亡人や孤児や貧乏人になりたくない。
もしも地位の高い人や富んだ者が
自分を貧しい人とか孤児と見なして
つねにへり下った気持でいれば、
そこにひとつのバランスが生まれるわけだ。

このように
物や生き方を控え目に抑《おさ》えた時に
かえって得をする。

強引に得をした時にはかえって
大きな損をするものなのだ。
この大事な一点を
教える言葉があるから
お伝えしたい。それは、こうだよ——
「暴力的な人は
静かな死を迎えられない」
これは私の心がいつも
大事に守っている教えなのだよ。

第四二章〔道化〕道生レ一、一生レ二、二生レ三、三生二萬物一。萬物負レ陰而抱レ陽。沖気以為レ和。人之所レ悪、唯孤・寡・不穀。而王侯以自名也。故物或損レ之而益、或益レ之而損。人之所レ教、我亦教レ之。強梁者、不レ得二其死一。我将三以為二教父一。

第四三章　人はなかなか気づかない

固くて強いものが
世の中を支配しているかに見えるがね、
本当は
いちばん柔らかいものが、
いちばん固いものを打ち砕《くだ》き、
こなごなにするんだよ。
空気や水のするように、
タオの働きは、隙《すき》のない固いものに
滲《し》みこんでゆき、
いつしかそれを砕いてしまう。

何んにもしないように見えるが
じつに大きな役をしているのだ。
このように、目に見えない静かな働きは
何もしないようでいて深く役立っている。
これは、この世ではなかなか
人に気づかれないんだが、
比べようもなく
尊いものなのだよ。

第四三章〔徧用〕天下之至柔、馳㆓騁於天下之至堅㆒。出㆓於無有㆒入㆓於無間㆒。吾是以知、無為之益。不言之教、無為之益、天下希㆓能及㆑之矣。

第四四章　もっとずっと大切なもの

君はどっちが大切かね――
地位や評判かね、
それとも自分の身体かね？
収入や財産を守るためには
自分の身体《からだ》をこわしてもかまわないかね？
何を取るのが得で
何を失うのが損か、本当に
よく考えたことがあるかね？
名声やお金にこだわりすぎたら

もっとずっと大切なものを失う。
物を無理して蓄《た》めこんだりしたら、
とても大きなものを亡《な》くすんだよ。

なにを失い、なにを亡くすかだって？
静けさと平和さ。
このふたつを得るには、
いま自分の持つものに満足することさ。
人になにかを求めないで、これで
まあ充分だと思う人は
ゆったり世の中を眺めて、
自分の人生を
長く保ってゆけるのさ。

第四四章〔立戒〕名与レ身孰親。身与レ貨孰多。得与レ亡孰病。甚愛必大費。多蔵必厚亡。故知レ足不レ辱。知レ止不レ殆。可二以長久一。

第四五章　不器用でいい

タオの働きは大きすぎて、
動きはにぶくみえるがね、
使うとなったら、
いくら使っても使い尽せないんだ。
それは空《から》っぽにみえるがね、
掬《く》みだすとなると、
いくら掬んでも掬み尽せない。
そして水が海へゆくように
曲りくねりながらゆくが、
ちゃんと目ざす所へゆきつく。

その動きは大きいから
見た目には不器用で無骨《ぶこつ》なのだ。
人間でもタオの人は
文句を言って争ったりしないから
口下手にみえる。

結局
かっかと騒げば、
寒さはしのげるがね、
かっかと熱した心に勝つのは
静けさなんだよ。
実に
清く澄んだ静けさが
世の中の狂いを正すのさ。

第四五章〔洪徳〕大成若レ缺、其用不レ弊、大盈若レ沖、其用不レ窮。大直若レ屈、大巧若レ拙、大辯若レ訥。躁勝レ寒、静勝レ熱、清静為二天下正一。

第四六章　いまあるもので充分さ

タオの道が世にゆきわたる時は
軍馬でさえ、糞を畑に落して、
土地を豊かにするがね。
タオの道にそむいた世となると
牝馬《めすうま》さえ引き出されて、
遠い国境の野で仔馬を産みおとす。

この違いはどこからくるのか――
ひとことで言えば、それは
人や国が、満足しないで、

さらに取ろうとするからなんだ。
じっさい
足るを知らずにもっと
もっと欲しがることが
いちばん手に負えんのさ。
足るを知る——これで十分と満足する人は
それで、つねに十分に足りてるんだよ！
自己否定をしろとか、欲するなとか
言うんじゃないんだ——いいかい、
ただ、
どこで止まるかを知ること、それだけさ。

第四六章〔倹欲〕天下有レ道、却二走馬一以糞。天下無レ道、戎馬生二於郊一。罪莫レ大二於可欲一。禍莫レ大二於不レ知レ足、咎莫レ大二於欲レ得。故知レ足之足、常足矣。

第四七章　君自身への旅

タオの道は世界に行きわたっている。
けれどもそれは
世界じゅう旅して廻ったって
見つかりゃしない。
インターネットの「ウインドウ」を
いくら窺《のぞ》きこんだって、分かりゃしない。
遠くへ尋ねてゆけばゆくほど
ますます遠のくんだ、
情報を集めれば集めるほど
ますます分からなくなるんだよ。

逆に、
タオの人ってのは
あちこち出かけないでいて
ちゃんと知ってるんだ、
キョトキョト見廻さなくたって
大事なものが見えてるんだ。
だから、ゆったりと
何にもしないでいて
とてつもない大きなことが
仕上がってゆくんだ——君のなかでね。

第四七章〔鑒遠〕不㆑出㆑於㆑戸、以知㆓天下㆒。不㆑窺㆑於㆑牖、以知㆓天道㆒。其出弥遠、其知弥少。是以聖人、不㆑行而知、不㆑見而名、無為而成。

第四八章　存在の内なるリズムに任す

誰だって初めは
知識や礼儀作法を取りいれるさ、
利益になるからね。
けれども、それから
タオにつながる人は、
蓄えたものを、
忘れてゆくんだ——いわば損をしてゆく。
どんどん損をしていって、しまいに
空《から》っぽ状態になった時、その人は
内なる自由を獲得する。

それを無為《むい》というんだ。
無為とは
知識を体内で消化した人が
何に対しても応じられるベストな状態のこと、
あとは存在の内なるリズムに任せて
黙って見ていることを言う。
本当に大きな仕事をする者はね、
こういう姿勢でいる——それができずに
あれこれ指図ばかりしてる者は
まあ、
天下を取る器《うつわ》じゃあないのさ。

第四八章〔忘知〕為レ学者日益。為レ道者日損。損レ之又損、以至二於無為一。無為則
無レ不レ為。将欲レ取二天下一者、常以二無事一。及二其有事一、又不レ足三以取二天下一矣。

第四九章　心を空《から》にした人

心を空《から》にした人は、だから
定《き》まった意見なんか持たない。
その人がリーダーになると、
人びとの考え方や感じ方に
どのようにも応じられるんだ。
その人は言うだろう――
「おれは、善《よ》いものは、善しとするさ。そして
悪いものも善しとする。
それこそタオの本当の〈善さ〉なんだ。

おれは正直者を信用するさ。しかし
不正直者だって信用する。だって
それがタオの本当の〈信じ方〉だからさ」

こういうタオの人は、
世の中にいても
囚《とら》われないでいる。心は
誰にたいしても自由でいられる。
人びとはみんな口や耳や眼を働かせ
あれこれ言ったり見張ったりするがね、
タオの人は幼い子みたいに、
微笑《ほほえ》んでいるのさ。

第四九章〔任徳〕聖人無㆓常心㆒。以㆓百姓之心㆒為㆑心。善者吾善㆑之、不善者吾亦善

レ之。得善也。信者吾信レ之、不信者吾亦信レ之、得信也。聖人在二天下一、歙歙焉、
為二天下一渾二其心一。百姓皆属二其耳目一、聖人皆孩レ之。

第五〇章　命《いのち》を大切にする人は

人は生まれて、生き、
死んで、去ってゆく。
三十の年までは柔らかで若くて
生命《いのち》の仲間だといえる。
六十をすぎてからの三十年は
こわばって老いて
死に近づいてゆく。このふたつの三十の間の
壮年期の三十年は、まあ
しきりに動きまわって、どんどん
固いものに近づいてゆく期間だよ。

どうしてこんなサイクルになるかって？
それはね、ひとが
生きるための競争に
こだわりすぎるからだよ。

聞いたことがある——
生と死とは同じサイクルのなかにある、
それを知って、
命《いのち》をそっと大事にする人は
旅をしてもけっして
猛獣のいるところへは行かない。
軍隊に入れられても
武器を取る役には廻らない。

だからその人生では
虎の爪や犀《さい》の角《つの》に出くわさないし
兇暴な人物の刃にかからない。
それというのも
生をとても大事にしているからなんだ。
自分の命《いのち》を大切にして生きるかぎり
死はつけいるすきがないんだ。

第五〇章〔貴生〕出生入死。生之徒十有㆑三。死之徒十有㆑三。人之生動之㆓死地㆒亦十有㆑三。夫何故也。以㆓其生㆑生之厚㆒。蓋聞、善摂㆑生者、陸行不㆑遇㆓兕虎㆒。入㆑軍不㆑被㆓甲兵㆒、兕無㆑投㆓其角㆒。虎無㆑所㆑措㆑爪。兵無㆑所㆑容㆓其刃㆒。夫何故也。以㆔其無㆓死地㆒焉。

第五一章　道《タオ》と徳《テー》

「道《タオ》」っていうのは
萬物を生みだす根源の玄の働きのことだ。
この生みだされた萬物をそれぞれ
その内側から動かす力――それを
私は「徳《テー》」と呼ぶんだ。
道《タオ》が生んだものを
徳《テー》が養うわけだ。
養い育てて、形をつくり
存在する場をあたえる。
だから萬物はみんな

道《タオ》を尊び
徳《テー》を大切にするべきなんだ。

萬物が
道《タオ》や徳《テー》を尊敬すべきなのは、それが
無理に圧《お》しつけられたものじゃないからだ。
自然に生まれて、
その本来の力を植えつけられたからだ。

道《タオ》と徳《テー》は、
法律や社会道徳じゃなくて
ものの内にある力なんだよ。

だから道《タオ》とは、くり返すが
すべてを生みだし、養い、育て、
成熟させ、そして
その果実が地におちたら埋めてやる。

生みだしたからって、
自分のものにしないし
大変な働きをしたからって、
威張らない。
成功して人びとの頭に立ったからって
支配して操ったりしない。
だから私は
こういう道《タオ》の働きを
玄徳、神秘のパワー、と言うのだ。

第五一章〔養徳〕道生レ之、徳畜レ之、物形レ之、器成レ之。是以萬物、尊レ道而貴レ徳、
道之尊也、徳之貴也、夫莫二之命一、而常自然也。故道生レ之、徳畜レ之、長レ之、
育レ之、成レ之、熟レ之、養レ之、覆レ之。生而無レ有也。為而不レ恃也。長而不レ宰也。
是謂二玄徳一。

第五二章　道《タオ》は萬物の母親

いま私は
道《タオ》が萬物を生みだす元だと言ったけれど、
言いかえれば道《タオ》は萬物の
母親なんだ。そして
道《タオ》という母から生まれたわれらは
みんな、その子なのだ。
そう知ることで、はじめて人は
道《タオ》の大きな優しさを知る——子が母の
優しさを知るようにね。
そしてそうと知ったら、時には

ひとは、
この母の懐中《ふところ》に帰るといい。

人には目鼻耳口という穴が開いているが
この七つの穴をいつも開けて、
外の刺戟ばかり追っていたら、
心も体もやがては
消耗しちまう。
時には
その穴のうちのどれかを閉めて、
母親のところへ戻るがいい。そうすれば
身も心も長持ちするんだよ。

そりゃあ、

意識してものを見たり聞いたりすることも
大切さ。
ことの小さな萌《きざ》しにその先を見る
それは明という知性だ。
でもね、
小さな個を包みこむ全体、oneness
あの無意識界の母の
柔らかさにつながること、
それが君にねばり強さをくれるんだ。
この微妙柔軟な光を感受して
自分の内側を照らせばいい。
君はいつも
大きな命《いのち》に安らぐことになるのさ。

第五二章〔帰元〕天下有レ始、以為二天下母一。既得二其母一、以知二其子一。既知二其子一、復守二其母一、没レ身不レ殆。塞二其兌一、閉二其門一、終身不レ勤。啓二其兌一、済二其事一、終身不レ救。見レ小曰レ明、守レ柔曰レ強、用二其光一、復二帰其明一、無レ遺二身殃一。是謂二習常一。

第五三章　内なる光で見直してごらん

ほんのちょっと
君の内側の光で見直せば、
この道が平らで広いものと分かる。
そしてもう
横道なんかに入りこまない。
だがね、多くの人びとはどうも
狭い路が好きらしくって、
そこで押しっくらをし、
先を争って、他《ほか》の人の上にのしあがったりする。
のしあがった者たちが

政治や経済を支配して、あんなに
着飾ったり、巨大なビルを建てたり
とてつもない武器をつくったりする。
飲み食いに贅沢《ぜいたく》をし
金銭を積みあげる。

これはみんな盗《ぬす》っ人《と》のすることだよ。
あの大きな道《タオ》とは大違いなんだ。
そして確かなことだが、
こういう人たちは、ひとりの人間としては
けっしてハッピーじゃあないのさ。

第五三章〔益証〕使二我介然有一レ知也、行二於大道一唯施是畏。大道甚夷、而民好レ径。
朝甚除、田甚蕪、食甚虚、服二文綵一、帯二利剣一、厭二飲食一、而財貨有レ餘。是謂レ盗。

非道也。

第五四章　まずは君自身が「自由」になること

タオのエネルギーが、
その人のなかに植えこまれると、
ちょっとやそっと揺さぶられたって抜けない。
あのパワーをしっかり抱いた人は、
他人《ひと》や社会に引きずり廻されない。そして
その命《いのち》の活力は、
遠く子孫にまで伝わってゆく。
だってそれは大自然のエネルギーだからさ。

これを身につけたとき、君は

いろんな束縛から自由になる。
すると君の家族も、きっと、
この柔らかな活力を持つようになる。
村だって同じだよ。もし、
こういう家族がふえれば、村はじっくり落ち着いて
いつまでもつづくものになるだろう。
国家だってそうさ。
国が大自然の力を貴べば、
国は豊かになるだろう。そしてやがては、
こういう豊かさのゆきわたる世界が
創られるべきなんだ。

だから、大切なのは
自分個人のなかに、

タオの活力を据えることだ。ただしそれは、
修身斉家治国平天下につながる
なんてことじゃないんだ。
各人がただ、自分のなかの活力を思い
それを大切にすることでいいんだ。
それがひとつの家に
じっと湧《わ》きはじめるのを思えばいい。
ひとつの村に、
ひとつの国に、
どれほど広がってゆくかを、思えばいい。
そうすれば、
全世界のほんとの姿が見えてくる――
いつかゆきわたるにちがいない静かな平和。
それはこういう目で見ることから

実現されるんだよ。

第五四章〔修観〕善建者不レ抜。善抱者不レ脱。子孫祭祀不レ絶。修二之於身一、其徳乃真。修二之於家一、其徳乃餘。修二之於郷一、其徳乃長。修二之於国一、其徳乃豊。修二之於天下一、其徳乃博。故以レ身観レ身、以レ家観レ家、以レ郷観レ郷、以レ国観レ国、以二天下一観二天下一。吾何以知二天下之然一。以レ此。

第五五章　ベビーの握りこぶし

道《タオ》につながる人は
柔らかなのだ。
それは、ベビーのもつ柔らかさだ。
ベビーっていうのは
まったく邪心がないから、
毒虫だって刺さないし、蛇だって咬《か》まないよ。
まして虎や鷲《わし》なんかは手を出さない。

ベビーっていうのは
骨は細いし筋肉はふにゃふにゃだよ。

それでいて手を握ったときの
あの拳《こぶし》の固さはどうだ！
男と女の交わりなど知らんくせに、もう
オチンポはしっかり立つ！
それはベビーに
真の精気《エナジー》が満ちているからだよ。

一日じゅう泣きわめいたって
声が嗄《しゃが》れないのは
身体《からだ》全体が調和しているからさ。
何に調和しているのか、といえば、
道《タオ》の本源の精気と調和しているのさ。

このエナジーを知ることが

本当の智慧なのだし、この
命《いのち》の力を増すことが
幸いにつながる。

しかし、ひとは壮年期には
意志や欲望のまま
精気《エナジー》と命《いのち》をこき使う。
これはかならず無理強いになって
命《いのち》を傷め、老いを早めるんだ。
これはね、
まったく道《タオ》の人の往き方じゃあないよ。

第五五章〔玄符〕含レ徳之厚者、比二於赤子一。蜂蠆虺蛇不レ螫、攫鳥猛獣不レ搏。骨弱筋柔而握固。未レ知二牝牡之合一而峻作。精之至也。終日号而不レ嗄、和之至也。

知レ和曰常。知レ常曰明。益レ生曰祥。心使レ気曰強。物壮則老。謂二之不道一。不道早已。

第五六章　「深い同化」の技

だから
自分のなかの精気《エナジー》を、
いかに保つか。これは
身体《からだ》全体で感じるべきものでね、
それを知る人はあれこれ言わない。
知らない人がかえって、
いろいろ喋《しゃべ》くるんだ。

知る人は
口でも耳でも眼でも、あんまり

無駄使いをしない。むしろ
目や耳や口が鋭く働くのを
制限する。
ごたついた考えをほぐし、
利口な先走りを抑《おさ》え、
世間で塵《ちり》やゴミと見られるものと
一緒にされても、平気でいる。
こういう態度を玄同、
「深い同化」と言うんだよ。

だから世間が
こういう人に親しもうにも、
把《とら》えどころがないんだ、
無視しても効果はない、

利用しようにも乗ってこない、
やっつけようにも、手がかりがない、
とっ摑《つか》まえたって、利益にならず、
軽蔑したって手応えがない。
そして、しまいに世間は
こういう人を、貴ぶようになるのさ。

第五六章〔玄徳〕知者不レ言、言者不レ知。塞二其兌一、閉二其門一、挫二其鋭一、解二其紛一、和二其光一、同二其塵一。是謂二玄同一。故不レ可二得而親一、亦不レ可二得而疏一。不レ可二得而利一。亦不レ可二得而害一。不レ可二得而貴一。亦不レ可二得而賤一。故為二天下貴一。

第五七章　自由と静けさ

国を治めるんなら
その国なりのやり方が有効だろう。
国と国が戦うんなら
奇襲戦法をとるのが有効だろう。
だがね、この天下、
全世界が、グローバルに
鎮《しず》まり治まるには
そんなこっちゃあ駄目なのさ。

どうしてそんなことが言えるかって？

だってよく見てごらんよ、
いま国々ではいろんな禁止や規則を
やたらに設けるもんだから、
少しの金持と多くの貧乏人ができてるじゃないか。
多くの人にいろんな武器を持たすから
どの国も不安や暴力につかまっている。
頭のまわる人間があれこれやって
新しい知識が生まれる。
そして知識が生まれれば生まれるほど
人びとは忙しくなる。
法規や税法を細かくすればするほど
網をくぐり抜ける悪党や盗《ぬす》っ人《と》が
増えてるじゃないか。
こんな国々がより集まったからって

全世界が静かに治まると思うかね?

この大きな世界が治まるには
国も人びとも、
できるだけ相手の自由を尊重することだ。
そして静けさを愛することだ。
自由と静けさ、
それがあれば、人びとは自然に
よく働き、繁栄が生まれてくるんだ。
必要以上の欲望を持たなければ、
人はじつにゆったりした存在でいるものだよ。
こういう人びとが
全世界にあふれてごらん。
そうしたら、グローバルな平和と調和が

成り立つじゃないか。

第五七章〔淳風〕以レ正治レ国、以レ奇用レ兵、以二無事一取二天下一。吾何以知二其然一哉。以レ此。夫天下多二忌諱一而民弥貧。民多二利器一、国家滋昏。人多二伎巧一、而邪事滋起。法物滋彰、盗賊多有。是以聖人之言曰。我無為而民自化、我好レ静而民自正、我無事而民自富、我無欲而民自朴。

第五八章　よく光る存在だが

時の政府がモタモタして能率が悪いと
かえって国民は素直に元気に働く。
政府が能率よくぎしぎしやると
国民はかえって不満でずる賢くなる。

世の中のことなんてこんな風に
ハッピーなものは災いを起こすし
ミゼラブルな状態には
ハッピーな動きが潜んでるんだ。
そのように転じてゆくわけだが、

どこが転回点であるかは
なかなか見極められないよ。
正しい政治をやってた政府が
たちまち邪悪な戦争をしかけたりするんだ。
前の時代には善《よ》いこと、真実のことだったのが
次の時代には悪や異常に変わる。
こういう変化に
人びとはずいぶん長いこと振り廻されてきた。
もう、いいではないか。

タオの道に志したら、ひとは
簡単にこうだああだと割り切らなくなる。
自分は丸くても、
ひとの角ばったところを削りゃしない。

鋭いものを持っているけど、
それで刺したりしないし
自分がまっすぐでいても
ひとの曲っているのを、ゆったり受けいれる。
よく光る存在なのだが
その光で
人にまぶしい思いなんかさせない。

第五八章〔順化〕其政悶悶、其民醇醇。其政察察、其民缺缺。禍兮福之所レ倚、福兮禍之所レ伏。孰知二其極一。其無レ正、正復為レ奇、善復為レ妖。人之迷也、其日固久矣。是以聖人、方而不レ割。廉而不レ害、直而不レ肆。光而不レ耀。

第五九章　何にでも敗けなくなる

これからの話は
個々の人についても国についても
同じことなんだがね。まず
個人のことを話そう。
人は生まれる時
道《タオ》のあのエナジーを受けて生まれる。
けれどもやがて
社会や国が、君のエナジーを要求しはじめる！
早くやれ、もっと使えとそそのかして止まない。
もし君が、途中で気づいて

君のエナジーを乱費しなくなったら、
君はすぐ、復活するよ。そのエナジーを保って、
ケチだと言われたって気にしないことだ。

さらに君が
自分のなかにこのエナジーを
たっぷり溜《た》め込んだとする。すると
君の内なるパワーは充実したものになる、
すなわち何にでも敗けなくなるんだ。
たとえば苦しみや悲しみなんかにね、そして
どんな不測な事にも応じられるし
どんな変化にも耐えられるようになる。

こういう測りしれないパワーが
君のうちに満ちるんだ。

あの母《マザー》の力が
君のなかに深く根をおろしたら、
君の命《いのち》は限りなく続く道《タオ》に
つながる。

ところでこのことは、もちろん
節約して富を蓄えた国にも当てはまるんだ。

第五九章（守道）治レ人事レ天、莫レ若レ嗇。夫唯嗇、是以早復。早復、是謂レ重ニ積徳一。重ニ積徳一、則無レ不レ克。無レ不レ克、則莫レ知ニ其極一。莫レ知ニ其極一、可ニ以有レ国。有レ国之母、可ニ以長久一。是謂ニ深根固レ柢。長生久視之道也。

第六〇章　小魚《こざかな》を煮るように

「大きな国を治めるには
小魚《こざかな》を煮るようにせよ」
よくこう言われるがね。
それは、
小魚を煮るのにあちこち突っつけば、
形が崩れちまう――そこを言うんだ。
道《タオ》を体得したリーダーだったら、
そんな小煩《こうるさ》いことをしないから
国民は迷信の鬼や悪霊を崇めなくなる。
鬼の霊力はなくならないが、

その霊力は人に害をしなくなるんだ。
道《タオ》のリーダーは国民をいじめようとしない、
だから国民は、この両方から痛めつけられない。
そして霊界にも政治社会にも
あの見えざるパワーが
自由に流れることになる――言わば
上にも下にも、ゆきわたるわけだ。

第六〇章〔居位〕治㆓大国㆒若㆑烹㆓小鮮㆒。以㆑道立㆓天下㆒、其鬼不㆑神。非㆓其鬼不㆒㆑神也。其神不㆑傷㆑人也。非㆓其神不㆒㆑傷㆑人也。聖人亦不㆑傷㆑人也。夫両不㆓相傷㆒。故徳交帰㆑焉。

第六一章　イメージしてごらん、大きな三角洲《デルタ》を

大きな国は低い姿勢でいるべきなんだ。
川はやがて三角洲《デルタ》となるが、
あのデルタのような姿が
大きな国の在り方であるべきなんだ。
その国は低いところにいて
いくつもの川を受け入れる。
女性は静かに下にいて
上の男性をゆったり受け入れ
それでいて、相手を自分のものにする。
それと同じさ、

このように静かで謙遜《けんそん》した在り方が
世界政治の根本であるべきなんだ。
大国がこういう姿勢でいれば
小さな国は安心して共存してゆける。
大きな低い三角洲《デルタ》には
数々の川が流れこむ、そして一緒に
母なる海に合する——
こういう大自然の動きに沿《そ》う時
世界の政治は治まるのさ、
そこにはじめて
世界政治の未来像が見えてくる。
そうじゃないか、
ほかにどんな未来像があるというんだね?

第六一章（謙徳）大国者、下流也。天下之交也。天下之牝也。牝常以レ静勝レ牡。以レ静為レ下。故大国以下二小国一、則取二小国一。小国以下二大国一、則取二大国一。故或下以取、或下而取。故大国者、不レ過レ欲三兼二畜人一。小国者、不レ過レ欲二入事一レ人。夫両者各得二其所一レ欲。大者宜レ為レ下。

第六二章　ようこそ、ダメ人間の避難所へ

デルタの向うに海がある。
海は清い水も濁った水も受け入れ
ゆったりと揺蕩《たゆた》っている。
この世にある道《タオ》のあり方は
とても海に似ている。それは
世の善人といわれる人を大事にするが、
悪人といわれる人も
くつろがせる所なんだ。
言葉がうまくて世の役に立つ人や
金と名誉に恵まれた人ばかりか

へまな生き方をする人間だって受け入れるんだ。

世の先頭に立つリーダーや社長に
なにかの祝いごとがある時
ひとはさまざまな贈り物をする。
しかし道《タオ》につながる人は
黙って眺めていて、心で
タオという道を贈り物にする。

いったいなぜ、昔から
この道がこんなに貴ばれるのか
知っているかね？
ダメな奴も
世間でいう罪を犯した者も

黙って受け入れてくれるからさ。
タオはね、
世の中でダメ人間とされる連中の
避難所だといえるんだ。

第六二章〔為道〕道者萬物之注（主）、善人之宝、不善人之所レ保也。美言可二以市一。尊行可二以賀一レ人。人之不善、何棄之有。故立二天子一置二三公一、雖レ有三拱璧以先二四馬一、不レ如三坐而進二此道一。古之所三以貴二此道一者何。不レ曰二求以得、有レ罪以免一与。故為二天下貴一。

第六三章　小さなうちに対処するんだ

「無為」――為スナカレ
これは何もするな、ってことじゃない。
餘計なことはするな、ってことだよ。
小知恵《こぢえ》を使って次々と、
あれこれの事を為スナカレ、ってことだよ。
私たちが手を出さなくとも、
タオの力が働かしてくれるからだよ。
われらを運ぶ大きな流れがある
と知れば、
小さな怨《うら》みごとなんて、

流れに流してしまえるんだ。

大きなエナジーは
この世に働くとき、はじめ
小さなものとして現われる、
そして大きなものへと育ててゆく。
だから、難しいことだって
小さなうちにやれば、易《やさ》しいんだ。
大きなことは、まだ
小さいうちにやれば簡単なんだ。
結局、政治だって、
大きな問題にならないうちに片づければ、
あとは手を出さずにすむ。
世界の大問題だって、みんな

小さいことから次第にこんがらかったのさ。

だから、タオの人は
小さなうちにことを仕上げておく。じかに
大きなことに取《と》っかからない。
だから、かえって大きなことが仕上がる。

まだ柔らかくて小さいものを
手軽く扱おうとしてはいかんよ。
たとえば、他人《ひと》の頼みを
何でも安請けあいする人が、
信じられないのと同じさ。
タオの人は、
小さなことの中に

本当の難しさを見る。そして
慎重にやるから、それが
大きくなった時、
ちっとも難しいことでないのさ。

第六三章〔恩始〕為二無為一、事二無事一、味二無味一。大レ小多レ少、報レ怨以レ徳。図二難於
其易一、為二大於其細一。天下之難事、必作二於易一、天下之大事、必作二於細一。是以聖
人終不レ為レ大。故能成二其大一。夫軽諾必寡レ信。多レ易必多レ難。是以聖人猶難レ之。
故終無レ難。

第六四章　「終わり」もまた「始め」のように

小さいうちにやれば難しくない、
と言ったが、たとえば、
まだ静かにしてるものなら、
摑《つか》まえやすいし、
まだ固まってないものなら、
こねあげやすい。
同じように、
薄いうちなら破りやすいし
うんと細かなものなら、
吹きとばせるのさ。

政治でもね、
まだ動きださぬものなら抑《おさ》えこめるし
乱れる前なら、鎮めやすい。
だいたい、
ふた抱えも三抱えもある巨木だって
はじめは細っこい苗《なえ》だったのだ、
九階、九十階のビルだって、はじめは
低い土台からだ。
千キロ二千キロの旅だって、
まずは足もとの一歩からはじまる。

先ばかり見てやろうとする者は、
失敗する。
先のものをいま取りたがる者は、

取り損なう。
だからタオにつながる人は、
いまのことを、小さなうちにやり、
あとはそのものの成長に任す。だから
失敗しないのさ。
先取りしようとあれこれ欲を出さないから
失うことがないのさ。

世間の人は成功を目ざして、
ひたすら努力する、
そして、息切れする。
成功の少し前で、破綻《はたん》する。
もし、最初に始めた時のように、
最後の時も慎重にやれば、

まず失敗することはないんだ。
言いかえると、タオの人は
いまのことを大事にするのであり、
成功や財産や高い地位なんて
まったく欲しがらない。
知識ばかり取りこもうとしないで、
知識を超えた向うのものを
腹に収めようとする。
ということは、
萬物の自然の在り方を知り、
その成長と動きを助けること、
そして知識や欲望からの行為を
できるだけ控えることだ。

第六四章〔守微〕其安也易レ持也。其未レ兆易レ謀也。其脆易レ破、其微易レ散。為二之於未一レ有、治二之於未一レ乱。合抱之木、生二於毫末一、九層之台、起二於累土一、千里之行、始二於足下一。為之者敗レ之、執之者失レ之。是以聖人無為、故無レ敗、無レ執、故無レ失。民之従レ事也、常於二幾成事一而敗レ之。慎レ終如レ始、則無レ敗レ事矣。是以聖人欲レ不レ欲、不レ貴二難レ得之貨一。学レ不レ学而復二衆人之所一レ過。能輔二萬物之自然一、而不二敢為一。

第六五章　知識をいくら詰めこんだって

子供に知識ばかり詰めこんで
子供のなかの自然の成長力を奪う時
その子がどんなに不幸になるか、
みんな知っている。
それでもある人びとは
子供に知識を詰めこむことを止めない。
国のことだって同じさ。
国民にやたらに情報をばらまいたって、
そしてますます小利口にしたからって、
人びとは平安なライフを持てるわけじゃない。

それはただ競争心をあおり
先への不安を深めるだけなのだ。
国や会社のトップ・リーダーだって
もっと素朴な原理に従わねば駄目なのさ。
私は愚民政治や愚者の天国を勧めてやしない。
あくまでバランスの問題なんだ。
昔は違っていたのだがね、
いまは情報過多だ、それも
気狂いじみるほどなのに、
タオの自然のエナジーは
ますます無視されている。
だから強く言うのだがね、
このタオの自然、タオの創成の力は
実に深くて、実に遠くまで

ゆきわたっている。だから
私たちはもう一度、
この大きなタオの働きに戻って、
そのエナジーに従ってみることだ。
そうすれば、世界はいつか
大きな調和の途《みち》へ向うだろう。
物や名誉を争うために
知識をいくら詰めこんだって
世界の平安も人びとの幸福も
やってはこないよ。

第六五章〔淳徳〕古之善為レ道者、非二以明一レ民也。将二以愚一レ之也。民之難レ治、以二其智多一。以レ智治レ国、国之賊也、不二以レ智治一レ国、国之徳也。知二此両者一、亦楷式也。常知二楷式一、是謂二玄徳一。玄徳深矣遠矣。与レ物反矣。乃至二於大順一。

第六六章　百千の谷の親玉《キング》

あらゆる谷から流れでる水は、もっと
大きな流れに入りこみ、
大きな流れはやがて海にとけこむ。
だからこういう大河や海は
百千の谷の親玉《キング》だと言える、
それというのも、
大河や海が低いところにあるからなのだ。

同じように、タオを体得したリーダーは
自分の部下や国民をリードするとき、

言葉や態度を低いものにする。
また人びとと何かするときは
人びとの後から行くようにする。
すると人びとは
彼が上に居るのを重く感じない。
彼が前にいても邪魔と感じない。
ついに人びとはみんな
彼を支持し、厭《いや》がらず、
喜んでついてくる。
こういうリーダーは、
けっして争わない、だから自然に
彼につく人たちも争わなくなるんだ。

第六六章〔後己〕江海所㆔以能為㆓百谷王㆒者、以㆓其善下㆒㆑之也。是以能為㆓百谷王㆒。

是以聖人欲レ上レ民也、必以レ言下レ之。欲レ先レ民、必以二其身一後レ之。故聖人居レ上而民不レ重也。居レ前而民不レ害。是以天下楽推而不レ厭也。以二其不一レ争故天下莫二能与レ之争一。

第六七章　三つの宝

私の話を聞いた人は、みんな言うんだ、
「えらくでかい話だけれど
どこか間がぬけてるみたいだ」とね。
そう感じるのも、
私の話すタオが、本当に大きいからだ。
もし道《タオ》が小さなことだったら、
とっくにもう、
軽く扱われて忘れられてるだろう。

私は

三つの宝を持っていて、それをとても
大切にしている。
その一は愛すること、
その二は倹約すること、
その三は世の人の先に立たぬこと。

私の言う愛とは
母の持つようなあの深い愛のことだ。
この深い愛があればこそ
人は本当に勇敢になれるんだ。
倹約とは、物ばかりでなくて、
道《タオ》のくれるエナジーを節約することだよ。
よく節約することで、人は
はじめて寛大に分けることができる。

このエナジーを蓄えて
先に立とうと争ったりしなければ
いつしか大きな器量の人間になる。

深い愛がなくて
なお勇敢に振舞おうとしたり、
蓄えもないのに
やたら気前よくばらまいたり
後にいるのをやめて
無理に先頭に立ったりすれば、
これはみんな早いとこ
墜落することになるのさ。

深い憐れみと愛を持つ人は

もし戦うにしても負けはしない、なぜなら
固く守って、待《ま》つからだ。
道《タオ》の力を宿す天は、
こういう深い愛で
その人を守っているのだよ。

第六七章〔三宝〕天下皆謂㆔我大似㆓不肖㆒。夫唯大故似㆓不肖㆒。若肖、久矣其細。夫我有㆓三宝㆒。持而宝㆑之。一曰慈、二曰倹、三曰不㆔敢為㆓天下先㆒。慈故能勇。倹故能広。不㆔敢為㆓天下先㆒、故能成㆓器長㆒。今捨㆑慈且㆑勇、捨㆑倹且㆑広、捨㆑後且㆑先、是謂㆑入㆓死門㆒。夫慈以戦則勝。以守則固。天将㆑救㆑之、以㆑慈衛㆑之。

第六八章　「争わない」、それも力だ

たとえば「人の後ろから行け」ということだがね、
ほんとに経験のある隊長は兵士たちの
先に立って躍《おど》りこんだりしないよ。
本当の将軍となったら、けっして
小さな戦闘なんか仕掛けない。
このように、
人をリードしたり使ったりするひとは
かえって身を低くして、
人びとの後ろからついてゆく。
こういう深い行為を、私は

「争わない力」と言うんだ。
この「争わぬ力」で人を用いるとき
人びとのエナジーはいちばんよく流れでる。
そしてこれが
道《タオ》のいちばん古くから伝わる働きなのさ。

第六八章〔配天〕善為レ士者不レ武。善戦者不レ怒。善勝レ敵者不レ争。善用レ人者為レ下。是謂二不争之徳一。是謂二用レ人之力一。是謂レ配レ天、古之極也。

第六九章　戦術家の言葉なんて

私の言葉を聞いて
世の戦術家たちはこんなことを言う――

「確かにこっちから仕掛けるよりは
先方の出方に応じるほうがいい。
百メートル突進して戦うより
一キロ退《しりぞ》いて守ったほうがいい。
これこそ戦わずして勝つ方法だ。
こういう戦術なら、
腕も武器も振り廻さないから

敵ほど疲れやしない、そして結局
戦わないで勝ったことになる」

またこんなことも言う――

「敵を軽く見て侮《あなど》ることは
いちばん危険な戦術だ、しまいに
こちらの宝をすっかり失うことになる。
とにかく、
同じぐらいの軍隊ふたつが闘うときは、
譲って守ったほうが勝つものだ」

まあこんなことは
世の戦術家や政治家の考えでね、

私は
やむをえない時だけ戦え、と言うだけだ。
根本ではいつも
争うなと説いているのだ。だから
こんな戦術家の言葉は
人の心の中の争いにだけ
当てはまる、と思ってほしい。

第六九章〔玄用〕用レ兵有レ言。曰、吾不二敢為一主而為レ客、不二敢進一寸而退レ尺。是謂二行無レ行、攘無レ臂、執無レ兵、乃無一敵。禍莫レ大二於軽一敵。軽レ敵幾喪二吾宝一。故抗兵相加、襄者勝矣。

第七〇章　尊い玉を抱いている

私の言っているのは
単純で分かりやすいことなんだ。
そして実行するにしても
ごく行ないやすいことだよ。
それなのに世間のひとは分かろうとしないし
まして実行しようとはしない。

私の言葉は
あの深くて遠いところから
出てきたものなんだ。そして

ひとの心に
ずっと伝わる原理なんだ。
だのに、世間は理解しない、だから
私のことを知らないし、
私のつながる深い源《みなもと》のことも
まるで知らずにいる。

ということは、私が
世間に稀《まれ》な存在だと言えるんだ。そして
稀な存在とは貴重なものなんだよ。
ただし
そういう者は世にもてはやされないから、
薄汚いボロ服を着てるかもしれん。
しかしね、彼は

内に――その胸に――
尊い玉を抱いているんだよ。

第七〇章〔知難〕吾言甚易レ知也。甚易レ行也。而天下莫ニ之能知一也。而莫ニ之能行一也。言有レ宗。事有レ君。夫唯無レ知也。是以不ニ我知一。知レ我者希、則我者貴矣。是以聖人被レ褐而懐レ玉。

第七一章　知識病

知らないことばかりだ、と
知ることが、
上等な知性なんだ。

何でも頭で知っていると思う人は、
病人といってよいだろう。
誰でもみんな一度は
この病《やまい》にかかるがね、しかし
「知られない領域」からくる道《タオ》に
つながった時、ひとは、

この病からぬけでるのだよ、だって
自分が知識病を病んでいると知れば
とたんに
この病は病じゃあなくなるからさ。

第七一章〔知病〕知不レ知、尚矣。不レ知知、病矣。是以聖人之不レ病也、以二其病一病也。是以不レ病。

第七二章　どっちの態度を取るか

政治権力や権威を恐れなくなったとき、
その人のなかに
もっと大きな権威が宿るようになる。
そうなると
自分の居るところが狭いなんて
感じなくなる。どこだろうと、
自分の生まれた所を
厭《いや》だなんて思わなくなる。
だって、どこに居ようと
君は恐れから自由になったからだ。

だから、かえって
何ごとも厭がらなくなる。

じっさい、
道《タオ》につながる人はね、
いま在る自分をよく知っていて、
その自分を誇示しないのさ。
自分を深く愛していて
しかも傲《おご》りたかぶらないのさ。

その人は、
どっちの態度を取るか
よく心得てるってわけだ。

第七二章〔愛己〕民不㆑畏㆑威、則大威将至矣。無㆑狭㆓其所㆒居。無㆑厭㆓其所㆒生。夫唯不㆑厭。是以聖人、自知不㆓自見㆒也。自愛不㆓自貴㆒。故去㆑彼取㆑此。

第七三章　「天の網《ネット》」って知ってるかい？

権力を恐れるなと言ったがね、
しかし恐れないでただ勇敢にやる者は
殺されるよ。
あえて勇敢にしない勇気を持つ者が
生きぬく。
とは言え、どちらが
この世を利するものか害するものか、
人間には言えんのさ。
天にある道《タオ》の働きが、
どちらを嫌うかなんて

タオの人にさえ言えないことなんだ。

だいたい天の働きというのは、
ずっとずっと大きいんだ。それは
争いもしないのにいつか勝ってしまう、
頼みもしないのに、やってしまう。
招きもしないのに、いつの間にか来ている。
ゆったりとしているようで、
ちゃんと計画している。

じっさい、
天にあるタオの働きは
大きな網《ネット》みたいなものでね、
目はあらくて、
隙間《すきま》だらけだが、

大切なものは何も漏《も》らさないんだ。

第七三章〔任為〕勇㆓於敢㆒則殺。勇㆓於不敢㆒則活。此両者、或利或害。天之所㆑悪。孰知㆓其故㆒。天之道、不㆑争而善勝、不㆑言而善応。不㆑召而自来、繟然而善謀。天網恢恢、疏而不㆑漏。

第七四章　天の刑の執行人

もし政治が人民をうんと傷《いた》めつけて
人びとがもう死んだほうがいい、
と思うほどになったら、
政治家は死刑でもって
人民を脅《おど》せなくなる。
もしその政治が人民をよく生かして
人びとをほんとに楽しませたら、
死刑にするのは、まあ
大欲を起こす変人だけだろうが、
そういう者はごく稀《まれ》にしか出まい。そして

ほんとに生命《ライフ》を楽しむ人たちの世では
殺す役を
天の働きに任せるようになる。
天の働きに代わって
人間が人間を殺すとなれば、どうしても
間違いを起こしかねないんだ。
天の刑の執行人は、
大変な力と技を持った大工のようなものだ。
こんな大工に代わって人間が
その斧《おの》を振るうんだからね、
どうしても
自分の手を傷つけることになるのさ。

第七四章〔制惑〕若民不レ畏レ死、奈何以レ殺懼レ之也。若使二民常畏一死、而為レ奇者、

吾得二而殺一レ之、夫孰敢矣。若民常且必畏レ死、則常有二司殺者一。夫代二司殺者一殺、

是謂下代二大匠一斲上也。夫代二大匠一斲者、希レ有レ不レ傷レ手矣。

第七五章　いま生きている命《いのち》こそ貴い

これから言うのは、
政治の話と取っていいが
しかし、人間の身体《からだ》にも
よく当てはまることだよ。

政治のリーダーとも人間の頭脳とも
取っていいのだが、とにかく
「頭」が、
身体《ボディ》から、
やたらに税金を取り立てると

ボディは飢えはじめる。
ボディのほうでは、
どうにもできない。
頭があれこれの欲望に駆られて
ボディを、
やたらこき使うと、
ボディはもう死んでも構わんと思うようになる。
とにかく頭が快楽や野心に熱中すると、
ボディは、
死にたくなるんだよ。
こうなる前に
頭という領主の酷使から
ボディを守ってやらねばならんのだ。
どうしたらいいかって？　それはね、

ボディ内にある命《いのち》の声に耳をすますことだ。
人生を
あんまり犠牲にしないことだ。
なんといっても
いま生きている命《いのち》こそ
貴いのだからね。

政治のリーダーもまずこれを、
第一に考えるべきなのだ。

第七五章〔貪損〕民之飢也、以其上食税之多也。是以飢。民之不治也、以其上之有以為也。是以不治。民之軽死也、以其上、求生之厚也。是以軽死。夫唯無以生為貴者、是賢於貴生。

第七六章　優しいものは上にあって

人というものは
生まれたときは柔らかく、弱々しくて
死ぬときはこわばり、突っぱってしまう。
人ばかりか、
あらゆる生き物や木や草も
生きている時はしなやかで柔らかだが
死ぬと、
枯れてしぼんでしまう。
だから、固くこわばったものは
死の仲間であり、

みずみずしく、柔らかで弱くて繊細なものは
生命《ライフ》の仲間なのだ。

剣もただ固く鍛えたものは、折れやすい。
木も、堅くつっ立つものは、風で折れる。
元来、
強くこわばったものは
下にいて、
根の役をすべきなのだ。
しなやかで柔らかで
弱くて繊細なものこそ
上の位置にいて
花を咲かせるべきなのだ。

第七六章〔戒強〕人之生也柔弱、其死也堅強。萬物草木之生也柔脆、其死也枯槁。故曰、堅強者死之徒也。柔弱者生之徒也。是以兵強則滅、木強則折、故強大居レ下、柔弱居レ上。

第七七章　能力や才能を見せつけない

道《タオ》の働きっていうのは
弓を引きしぼる時と似ている。
もっともいいエネルギーを出すためには
弓の上のほうを引きさげ
弓の下のほうを引きあげる。
それは
上の餘った力を取り去って
下の足りない力を補う働きだよ。
道《タオ》の深い大きな働きはいつも
ありあまる所から取り去り

足りない所にくばるのだ。
ところがどうも
人間のすることは違うんだ。
世の中、
足りない所はますます足りなくなり
餘ってる所にはますます溜《たま》る――
そうじゃないか。じっさい、
たっぷり溜っているくせに、
それを分ける人なんて
まず見当たらないんだ。

ただ
道《タオ》につながる人は

別の方向に動く。
そういう人は
よいエネルギーが出て何か仕遂げても、
仕遂げたものを
自分のものにしない。
世間で成功しても、
そこに居据わりつづけない。
その人は
自分の能力や才能を
ことさら見せつけたりしないんだよ。

第七七章〔天道〕天之道猶レ張レ弓乎。高者抑レ之、下者挙レ之。有レ餘者損レ之、不レ足者補レ之。天之道損レ有レ餘而補レ不レ足。人之道則不レ然。損レ不レ足而奉レ有レ餘。夫孰能有レ餘而以奉二於天一者。唯有道者乎。是以聖人為而不レ恃、功成而不レ処也。

其不レ欲レ見レ賢也。

第七八章　世界の王者

すでに、
柔らかで弱いものは命《いのち》だと言ったが、
まことに
水ほど柔らかで弱々しいものはないよ。
でもね、
ひとたび水が
固くて強いものを攻めるとなると
どんな岩でも崖《がけ》でもしまいに
崩して、こなごなにしてしまう。
その点では、他《ほか》の

どんなものも及ばない力を発揮する。
これで分かるように

弱いものが強いものに勝ち
柔らかいものが固いものに勝つんだ。

このことは、
言われてみれば誰も頷《うなず》くんだがね、
さて実行する人となると、まず
ごく少ない。

こんな柔らかな力のものは
ゆっくり広くゆきわたる――
たとえば川が流れくだるようにね。

そして低く低くゆきながら
汚いものを受け入れて、
平然としている。こうなれば
その人がいかにすぐれた力の者か、
誰にも分かるはずだ。
こういう柔らかな力の者が
ひとつの国の惨めさや悲しみを
すっかり受け入れて
平然としていれば
その人こそ
国の本当のリーダーと言えるじゃないか。
全世界の王者と言ってもいい。

柔らかでしなやかで弱々しいものが

世界の王者だなんて言ったって、
世の中の人は、
変なことを言うとしか思うまい。
だがね、
本当の言葉というものは、しばしば
世論とは正反対を言うように響くのさ。

第七八章〔任信〕天下柔弱、莫レ過二於水一。而攻二堅強一者、莫レ知二能勝一也。其無二以易レ之。弱之勝レ強、柔之勝レ剛、天下莫レ不レ知也、而莫二能行一也。是故聖人之言云、曰、受二国之垢一。是謂二社稷之主一。受二国之不祥一、是謂二天下王一。正言若レ反。

第七九章　怨《うら》みが無くなるだけでも

不満や怨《うら》みのみなぎってる人を
なんとか慰めようとしても、
あとに何かが
残るものなんだ。
怨みがまったくとけることとなんて
まず無いだろうね。
どうしたらいいか――

たとえば
不満や怨みの多くが

金銭の貸し借りから起こるとすれば、
きびしく取り立てようとしないで
証文を忘れる側に廻るがいい。

道《タオ》につながる人は、
あの無尽蔵の虚《きよ》のなかから
取り出して与える、
そして「忘れる」。
虚の「豊かさ」をよく知ってるんで
与えればすぐまた
湧《わ》き出すことを知ってるんだ。

怨みは根深いものでね、
これを去るには

「忘れること」しかないんだ。
それには道《タオ》の「虚」のなかから
湧き出る力を用いることさ。
道《タオ》はいつも、そういう人の
後押しをしてくれるんだ。
じっさい、
「怨み」というひとつの感情が
無くなることだけでも
人は、
そしてこの世も、
どんなに落ち着いたものになることか。

第七九章〔任契〕和㆓大怨㆒、必有㆓餘怨㆒。安可㆓以為㆑善。是以聖人執㆓左契㆒、而不㆑責㆓於人㆒。故有徳司㆑契。無徳司㆑徹。天道無㆑親、常与㆓善人㆒。

第八〇章　理想の国

私は国境のない世界を願っているが
まだ無理のようだから、まあ
自分の理想とする国を、描いてみよう。
私の大切にしたいのは
大きな国でも強い国でもないよ。
ほんの小さな、まあ、
村落の集まりのようなものだ。
人口もごく少ない。
住民たちは、
いろいろの道具を持ってはいるが

ろくに使おうとはしない。みんな
命《いのち》をとても大事にするから
危険な旅なんかに出ない。
舟や車は持ってるんだが、ほとんど
乗らないってわけだ。同じように
武器もちっとは備えているけれども
誰も使わないし
商取引をするには、ただ
ごく単純な数え方ですます。

それでいて
食事はゆったりと、おいしい物を食べ
着るものは美しい上等な服、
日々は安楽であり、

習慣を乱《みだ》そうともしない。
隣りの国は近くて、
犬の吠える声や鶏の鳴く声が聞こえるほどだが、
そんな隣国とも往来しない、
そして、ずいぶん歳をとってから
静かに死んでゆく。

第八〇章〔獨立〕小国寡民、使乙有下什二伯人一之器上而不甲レ用。使三民重レ死而不二遠徙一。雖レ有二舟轝一、無レ所レ乗レ之。雖レ有二甲兵一、無レ所レ陳レ之。使二民復結縄而用一レ之。甘二其食一、美二其服一、安二其居一、楽二其俗一。鄰国相望、雞狗之聲相聞。民至二老死一、不二相往来一。

第八一章　道《タオ》につながる人

本当の言葉というのは
甘い響きのものではない。
甘い響きの言葉は
本当の言葉ではない。
腹のある人は
あまり喋《しゃべ》らんものだし
喋りまくる人は腹がないんだ。

真に賢い人とは
知識を漁《あさ》って広く知る者じゃない。

広い知識を自慢する者は、
真に賢い人ではない。

道《タオ》によくつながる人は
蓄《た》めたり積んだりしない、そして
いつも他人《ひと》の為にしようとする、
そうすることによって
ますます自分が豊かになる。
内に持つものを
すっかり他人《ひと》に与えようとする、
そうすることで
ますます多く与えられる。というのも
こうするのが天《タオ》の働きだからであって
タオの働きは、

他人《ひと》に益を与えるけれど、害はしない。

だから
タオの働きをよく知る人は、
何か行為をする時、
争わないのだよ。
争わないで、するのだよ。

第八一章〔顕質〕信言不レ美、美言不レ信。善者不レ辯、辯者不レ善。知者不レ博、博者不レ知。聖人不レ積。既以為レ人、己愈有。既以与レ人、己愈多。天之道、利而不レ害。聖人之道、為而不レ争。

あとがき

I

はじめにお願いしておきたいことがある。この「あとがき」を読む前に、まず本書全八十一章を読んでほしい。そのうちの二章か三章でもよいし、偶然に開いたページでもよい。というのは、他の人からの先入観や予備知識なしに、いまのあなたのままで「老子」の言葉に接し、自分のなかに共感するものがあるかどうか、験《ため》してほしいからだ。それがどんな共感でも構わない。とにかくはじめに、頭だけで解したり判断したりしないでほしい。

「私の言うことを聞いて、多くの人は馬鹿くさいホラ話だと笑う」――こう「老子」は言っているが、それはその多くの人が頭だけで「老子」を知ろうとするからのことだ。「老子」を分かるには頭で取りいれることも必要だが、まず胸で、腹で、さらには全身で感応することだ。するとはじめて「老子」の声が聞こえてくる、そして彼のメッセージを感得できるのだ。

こう言うだけでもう私の言葉は理屈の筋にはいっている。頭での解釈がはじまっている。それで理屈で分かってもらう前に、本文に接してもらいたいと願っておくのだ。先に頭でだけ解しはじめると、本当の共感の湧くのを邪魔するかもしれない。

同じことが私自身にも言えて、私が「老子」に共感したものを、頭で邪魔されずに読んだからだ。そしてその共感をなんとか再現しようとした。これがこの仕事の根底の動機だった。私の共感した「老子」を甦《よみがえ》らせることができたら、これで私の役割は終わるのであり、あとは「老子」と読者との「じかの関係」に移る。老子と読者の共感の磁場が生じたら、訳者の私は消えうせるのだ。

この仕事では各章で、私は空のコップになり、「老子」の言葉が注ぎこまれるのを待った。そんな自分をつくるように心掛け、そこから訳していった。コップに注がれたものを飲む人は、コップを意識しない。飲まれるものと飲む者の合体があるだけだ。私はこの合体の場を設けようとしたのだった。

この仕事は伊那谷の家で、一九九九年の春から秋にかけて非常に集中して行なわれた。それは「老子」の思想とイメージの大渦《おおうず》の底に潜《もぐ》りこむことであった、そしてそこからようやく泳ぎ戻ってきて、いま、その大きな渦を岸から眺めおろしている。

それより五年前、一九九三年に『タオーヒア・ナウ』（注一）（パルコ出版）が出た――これが私の最初の「老子」へのチャレンジだった。原文を参照せず、幾冊もの英語訳「老子」本を元にして、生きた口語詩にする試みだった。ひたすら「老子」のメッセージを「詩」として把えようとした。

今度のこの仕事は、『パルコ版』の改訳ではなく、別個の訳業と言える。『パルコ版』では省略した十五章を加えて八十一章を全訳したばかりでなく、私は原文と注釈を見た、そして次に中国人の英訳本と西洋人の英訳本（注二）を深く読んだ、自由口語詩の文体で訳した。一度は地面におりてから、『パルコ版』も離れて、跳躍したのだった。

ただし、『パルコ版』と今度の『タオ――老子』に共通している点がある。それは私が老子の「声」に耳をすまそうとしたことだ。声は息から出るのであり、息は生きた命《いのち》から出る。文字にひそんでいる声を聞きとるのは命のメッセージを感得することだ。私は英文に訳された「老子」に老子の声を聞きとったと感じ、その声を甦《よみがえ》らそうとした。この点で、両方の仕事は共通している。

（注一）　老子の英語訳はたくさんにあり、それらのなかから私は自分の「老子」訳をつくったのだが、その間の事情については、『伊那谷の老子』（淡交社、一九九五）にかなり詳しく書いたので、興味ある方は参照してほしい。

（注二）　今回の訳には主として次の諸本を参考にした。①『新釈漢文大系7老子・荘子上』（明治書院、一九六六）。②『全釈漢文大系第十五巻老子』（集英社、一九七九）。③ The Wisdom of Lao Tse by Lin Yu-tang（林語堂）、1943. ④ Lao Tzu by D. C. Lau, 1963. ⑤ The Way of Lao Tzu by Wing-Tsit Chan, 1963. ⑥ The Tao Te Ching by Ellen M. Chen, 1989. ⑦ The Way and Its Power by Arthur Waley, 1958. このうち、⑥が最も参考になった。

Ⅲ

「老子」の思想とメッセージについては、語りだせば限《き》りがない。ここではわずかに私の分かった大切なポイントをいくつか提出するにとどめる。

(A)　「老子」は人間にある宇宙意識と社会意識の間のバランスを語る。つまり、その左の手は、なにも摑めない宇宙にむかって開き、右の手は、しっかり摑める大地のものを握りしめている。この大きなバランスを「老子」の言葉から感じとると、人は安らぎやくつろぎの気持の湧くのを覚える。『パルコ版』を読んだ人たちがこのことを私に伝えてくれた。

(B) この大きなバランスの視点から老子は、人間のする「行き過ぎ」に警告を発している。たとえば、近世以来の西洋（欧米）社会では、所有（possession）、自己主張（self-assertion）、支配（domination）の三つの態度が、国にも人びとにも優勢となり、過度になった。今にいたってはそれがわが国にも波及している。古代中国の「老子」の時代も同じ傾向が強まったのであり、彼はそれを戒《いまし》めて、「争ウナ」「自カラ足ルコトダ」といった言葉をいくども発している。これらの言葉はいま、個人にたいして有用であるばかりか、二十一世紀の世界全体への警告となっている。

(C) 老子『道徳経』は、すべてが「復帰」——return process——の働きのなかにあると説く。これが根元思想である。天地の間にあるすべてのものは、社会も人間も、根に帰る——すべてが、大自然に、さらにその向こうの源《みなもと》に、帰ると説いた。

老子は二千五百年前に中国にいた人とされている。この古代中国の人の思想が二十世紀の欧米社会に甦《よみがえ》った。Zen（禅）とTao（老子）は西洋の知識人の間に深く受け入れられて、いまもそれがつづいている。この欧米に甦ったタオイズムの波が、東洋人である私に達したのだった。私は西欧文化のなかに出現した「老子」を英語からキャッチした。それ以前の私は、原文や和訓を読んでも、「老子」が分からず、「老子」とは理解できないもの、ときめこんでいた。

「タオ」は「道」のことで、中国語では、dàoまたはtàoと表記される。このdào（ダオ）は日本語に入って道（ドウ）と発音され、道路、柔道、茶道などと広く使われている。ところで、英語でTaoと書かれるとそれは「老子の教える道」とそこから派生した「道教」の意味だけ指す。このTaoの一語は独、仏、その他の諸国でも同じように使われていて、Zen（禅）とともに、国際語になっている。私は「老子の道」を英語訳から初めて理解したので、この仕事を「タオ――老子」とした。伊那谷に独居しているが、私は一介のタオイストだ。旧来の「山に隠れる」老荘派ではないし、老子学者でもない。

各章の終わりに原文を掲出したが、これは原文と私の訳がいかに違うかを察してもらうためだ。たとえば、私は原文の「聖人」を「タオにつながる人」とし「無」や「無名」を「名の無い領域」としている。このような自由な口語化を、私は全章にわたって行なっている。

いくつか「老子」のなかの有名な句を抜き出して、その下に林語堂の英語訳をおいているが、これも英訳がいかに簡明かを知っていただくためである。

はじめ、筑摩書房ではパルコ版『タオーヒア・ナウ』をちくま文庫に入れる予定であったが、私は新しい訳をしたいと申し出た。私の願いを容れてこのような本に仕上げてくれたのは、編集部の平賀孝男さんの努力によることであり、深く感謝している。

西紀二〇〇〇年一月十二日

伊那谷、晩晴館主人

文庫版あとがき

元版の『タオ――老子』（二〇〇〇年）が出てから六年になります。

　こんど文庫版が出るので本文八十一章と「あとがき」を見直して、本文の詩行がなお言葉の生動力を十分に保っていると感じて安堵しました。それで本文の改訂は少しの手直しにとどめました。

　じっさい本書は、生動感が生命《いのち》だと言えるでしょう。本書よりさらに七年前（一九九三年）に出た『タオ――ヒア・ナウ』（パルコ出版局）の時から、私はひたすら、二千五百年前の老子の言葉を、いまの私たちの言葉に甦《よみがえ》らせようと願ったのでした。

　それはもちろん『老子道徳経』八十一章の内容がすばらしかったからです。大きな生命尊重の書だったからです。私はそれを英訳版の老子本を通じて感じた、そしてその感動を伝えることに使命感を覚えたのでした。

「使命感」は大袈裟かもしれない。『タオ――ヒア・ナウ』の時には、「老子」とはこんな思想だったのかという驚きを人に伝えたかっただけでした。使命感からというよりも、ただ「老子」に魅了されてしたことでした。

筑摩版『タオ——老子』ではもっと慎重な集中力をこめて向かいましたが、その時でさえ、「生動するいまの言葉」という目標を第一にしました。

しかしある意味で、これは乱暴な行為だと言えるでしょう。なぜならこの仕事は、東洋思想の古典として『論語』と並び称される『老子道徳経』を俗な話し言葉にしているからです。ある人々にはこれは軽率な冒瀆的な行為と思われたかもしれません。幸いに私は、それまで英語文学をしてきたので、東洋思想の学界とは無縁であり、そういう批判は恐れなかった。西欧的な個人意識を抱いているので、既成の権威からはかなり自由な態度でいたのです。そして『老子』英訳本はみな個性的で自由な訳だったので、そこに「老子」の「大いなる生命エナジー」を感じとったのでした。

もうひとつ幸いだったのは、私が根は詩人だったことです。詩を書いたり英米詩を愛好したりする性向だったので、『老子』八十一章をすばらしい「詩」だ、それも古風な漢詩ではなくて、トップクラスの現代詩だと感じたのです。その深い洞察力、神秘的発想、比喩表現、すべてがモダーンで新鮮だったので、私はそれを現代詩として表現した――、その結果、この仕事は平板な訓読体と違って、張りのある調子を帯びえたのでした。

読み直してみて、本文八十一章はこれでよいと感じたのですが、「あとがき」の文章には失望しました。短いスペースに自分の考えたことをあれこれ詰めこもうとしている。せっかちで余裕のない理詰めの文、こわばって、固くて、頭での理解に訴えていますが、かえって理解しにくい文になっている……まさに生硬な文の見本です。

老子は、「こわばって固いものは死の仲間だ」「柔らかさが命だ」と言い、「頭だけにたよるな」とか「空間を重んじよ」とかさまざまな言い方で、人の自己中心の強引な行為をいましめています。

この思想に共鳴して訳したくせに、それにつけた自分の文章は、こわばって、全く非タオ的なものなのです！　初めて老子に接してから七年すぎていても、この程度なのでした。このことは老荘タオイズムがいかに奥深いものかを語る一例となるでしょう。それは頭で理解しただけでは足りない――その奥に、タオイズムを身につけて日々を生きるという次のステップがある。老子・荘子はまさにそういう実行の領域を私たちに伝えようとしているのです。しかし私のように人生の大半を頭意識だけで過ごしてきた者にはなかなかタオイズムのこの領域——タオ的に生きること——が難しかったわけです。

ところが本書の読者のほうは違っていて、老子をもっとじかに、全身で感じとったのです。そのことを私は読者からの反応で知ったのでした。

元版の『タオ——老子』は刊行直後から大きな反響を呼びおこしました。この六年間で十九刷に達した——これは全く予期せぬことでした。現代の社会には老子的タオイズムを心に求める人々が多くいるのだ——と私は初めて知ったのですが、そうした読者の声には、じかに「タオ」にふれた気持を伝えるものが多かったのです。同じ「これではじめて老子が分かった」と中野孝次氏が言ってくれて嬉しかった。これでような感想を寄せる読者は少なくなかったのですが、もっと多くの読者が、心が安まったとか楽になったといった感想を伝えてきたのでした。

言いかえれば、それは、タオイズムにある「何か大きな力」を、頭ではなくて、体で感得したことであり、それは体制社会から私たちをとき放つ「内なる自由」とつながることなのでした。

多くの読者は、「老子《タオ》」の玄の神秘や形而上学からでなくて、老子の語る母や水のイメージから、直接に生命エナジーを汲みとった——さらには「優しさ」や「弱さ」「柔らかさ」をまもる主張に触れて、大きなくつろぎや和《なご》みを見いだしたのだ、と言えるでしょう。

読者の声と伊那谷の自然とがあって、その後の私はタオの原理よりもその地母神的生命力に心を向け、やがて老子の思想が太古の母権制社会に根ざすものだ、と思うようになったのですが、こうした私の老子遍歴については、本書以後の私の著作に語られています(タオ関連著作リスト参照)。

前の「あとがき」がこわばった固い調子だと言いながら、この「あとがき」もやはりそこから脱しかねているようです。タオ的な生きかたは、高齢に達した私にもまだできないのです。しかし同時に、自分がタオ的ライフに少しずつ進んでいるのをけっこう楽しんで見ているのです。そういった気楽な心にさせるのは「タオ」の寛《ひろ》やかさのせいです。

タオイズムはけっして人を責めない。咎《とが》めない。罪や罰で脅かさない。「在《あ》るがまま」の人を受け容れつつ、大いなる道《タオ》を示すイズムです。

なお、元版には「老子」のなかの有名な句を抜き出して、その下に林語堂の英語訳をおいたのですが、今回の文庫版では、スペースの関係で割愛したことをおことわりしておきます。

二〇〇六年八月

伊那谷中沢にて

著者のタオ関連著作リスト

一九九三年　一月『タオ――ヒア・ナウ』パルコ出版局

一九九五年　六月『伊那谷の老子』淡交社（二〇〇四年七月　朝日文庫）

二〇〇〇年　二月『老子と暮らす――知恵と自由のシンプルライフ』光文社（二〇〇六年一月　光文社知恵の森文庫）

二〇〇〇年　三月『タオ――老子』筑摩書房（二〇〇六年一〇月　ちくま文庫）

二〇〇一年　四月『いまを生きる――六十歳からの自己発見』岩波書店

二〇〇三年　九月『タオにつながる』朝日新聞社（二〇〇六年一月　朝日文庫）

二〇〇五年　一月『タオと谷の思索』海竜社

二〇〇五年　七月『肚――老子と私』日本教文社

二〇〇五年一〇月『エッセンシャル　タオ――老子』講談社

二〇〇六年　三月「タオイズムについて」（京都光華女子大学真宗文化研究所編　光華選書『宗教の相貌――民族と宗教を考える』）自照社出版

二〇〇六年　九月『荘子――ヒア・ナウ』パルコ出版局

本書は、二〇〇〇年三月二十五日に筑摩書房より刊行された初版をもとに、一部改訳したものである。

ちくま文庫

タオ――老子《ろうし》

二〇〇六年十月十日　第一刷発行
二〇二五年三月五日　第二十一刷発行

著　者　加島祥造（かじま・しょうぞう）
発行者　増田健史
発行所　株式会社　筑摩書房
東京都台東区蔵前二―五―三　〒一一一―八七五五
電話番号　〇三―五六八七―二六〇一（代表）
装幀者　安野光雅
印刷所　大日本法令印刷株式会社
製本所　株式会社積信堂

ISBN978-4-480-42267-5 C0114